“改變  開始”

關於本書

這本書《思變》提供了一個深入且個人的探索，探討了思維方式如何影響人生的各個方面。以下是四要點：

①**內容深度** 作者分享了自身的經歷，從困難的童年到後來的職業轉變，讓讀者能夠感受到真實的情感和成長過程。這種個人故事的分享使得理論更具說服力。

②主題明確 書中重點強調了思維改變的重要性，尤其是吸引力法則的應用。這對於希望改善自我和生活的人來說，提供了一個清晰的方向。

③實用性 書中提供了多種具體的方法和練習，如感恩練習、圖像化等，這些都能幫助讀者在日常生活中應用所學。

④情感共鳴 作者對於面對死亡和健康問題的反思，能引起讀者的深思，讓人反省自己的生活態度和價值觀。

⑤**結構清晰** 書的結構合理，從改變的開始到具體的法則，步步深入，易於理解和跟隨。

總的來說，這本書不僅是對吸引力法則的介紹，更是一個關於自我反省與成長的指導。讀者可以從中獲得啟發，並應用於自己的生活中，值得推薦。

關於作者

改變的開始

思維改變·快樂人生

當被問到為何要寫這本書的時候，才發現沒有介紹這它的由來。筆者是希望透過本書，分享個人的一些經歷，讓讀者改變思維方式，來獲得快樂的人生。

作者來自於一個基層家庭，1 歲未滿父母已經離異，從小根本不知道什麼叫家庭溫暖，跟奶奶長大但是也沒有被呵護的感覺，直至十四歲左右關係才變得親密一些。

自幼兒園開始被打罵直到升中時期離開香港。在大約 7 歲時已經半腿坐在窗邊準備了結此生，但，我不甘心。非常希望趕快長大成人離開這個住所，我要過上自己想過的生活，我要自由！

小時候討厭上學，青少年時期強迫性被送往新加坡留學，在宿舍被人欺負，又加上因為英語不好被降級三年，同班同學都是還沒發育的小孩子（10 歲），而自己（13 歲）卻已經在發育長高，因此在他們的眼中我像怪物一般的存在，導致我也沒跟任何人多交流，那種孤寂感過了三年。

之後來到中學，認識了另外一些香港朋友，肯定是開心壞了，那種他鄉遇老鄉的親切感特別強烈，叛逆期再加上中學生活，少不免會遇到「麻煩」事情，因此連群結黨，經常玩鬧也是必然之事，那幾年的經歷也成為了我日後成長的肥料。

總之，逃學、喝酒、抽煙等多種不良嗜好也在那個時期培養了，渾渾噩噩過了十年。

直到回港工作，慢慢發現懂三言兩語已經不是什麼大優勢了，海歸數目也不少，比自己出色的大有人在。面對前途，一片漠然，不知道自己能做什麼，沒有方向，找不到可以發展為事業的興趣，直到有一天被叔叔教訓了一句：你想成功，但你不是人才，也不是專才，憑什麼呢？

是的，自問不是什麼人才，因此只能想辦法成為專才，但是要怎樣做呢？

漸漸長大了，也察覺到家人白髮多了，祖母的雙腿走動開始不利索，中醫西醫不斷看，後來也固定看一位中醫一段時間。

當時突然來了一個想法，假如自己也懂醫術，不就可以幫他們改善病況嗎？一來可以省點錢，二來或許能發展成為事業，一舉兩得。

重點是，我學得來嗎？

了解自己不是讀書的材料，成績尾三，甚至後來不在乎學習的我，真的能學好醫嗎？

經過了一段掙扎後，最終選擇了學習中醫，而經過多年的奮鬥，今天終於給了自己一張滿意的成績單。

不能說自己有什麼大成就，但是起碼今天的我，已經是一名專業人士。

 # 孤寂 - 頹廢 - 迷惘 - 懷疑
渴望 - 奮鬥 - 堅持 - 成功

前半段相信很多人也面對著同樣問題，希望大家可以透過後半段的方法改變人生。

推薦序一

在這個瞬息萬變的時代，許多人都在尋找能夠改變自己生活的鑰匙。《思變》正是一本能幫助我們找到這把鑰匙的書籍。作者透過自身的經歷，深入探討了思維方式如何影響我們的人生選擇與心靈成長。

書中不僅分享了作者的成長故事，還結合了吸引力法則、感恩練習和圖像化等實用方法，讓讀者能夠在日常生活中應用這些理念，實現自我改變。每一個章節都充滿了啟發，激勵我們去反思自己的思想和行為，並勇於追求更好的自己。

這本書的魅力在於它的親和力與實用性。無論你身處何種階段，都能在其中找到共鳴與指引。它不僅僅是一本自助書，更是一盞明燈，照亮我們通往快樂人生的道路。

我誠摯地推薦《思變》給每一位渴望改變的朋友，相信它將為你帶來深刻的啟發與轉變。

Tammy Tse

Senior Sales Manager

推薦序二

在這個充滿挑戰與機遇的時代，《思變》猶如一盞明燈，為迷惘的心靈指引方向。作者以真摯的筆觸，將個人蛻變的歷程化為充滿力量的文字，不僅揭露思維如何重塑命運，更提供具體可行的工具 —— 從吸引力法則到每日感恩實踐，讓改變不再停留於理論。

書中獨特之處在於「真實性」與「行動導向」的結合。作者不避諱分享脆弱時刻，卻又能從低谷中提煉出普世智慧；每一章節末的反思練習，更是將抽象概念轉化為生活習慣的橋樑。無論是渴望突破職場瓶頸的上班族，或追求內心平衡的探索者，都能在此書中找到共鳴點。

若你正站在人生的十字路口，這本書會是溫柔而堅定的夥伴。它不承諾速成幸福，但必將讓你重新發現 —— 改變的鑰匙，始終握在自己手中。

Vincent Leung

Director of Sales Maketing

序一

吸引力法則存在嗎？

有看過《秘密》這本書的人，都知道它是在說吸引力法則，裡面都提及到很多人怎樣利用吸引力法則來獲得他們想要的生活，例如財富、健康、人際關係、理想伴侶等等。雖然這法則被多人證實它的實用性及存在性，然而同時也有很多人無法通過利用這法則來達到他們想要的東西或者生活，這些人甚至乎懷疑法則的存在性，更有些否定它的存在。

否定法則存在的人，我相信他們不會看到這本書，而會看這本書的您們，應該都是抱著半信半疑的心態，或者想進一步了解這宇宙法則的秘密。

首先，先整理一下我們對吸引力法則的懷疑，然後找出答案！

問：吸引力法則存在嗎？

答：吸引力法則的的確確是存在的！

問：那為何我看不到效果呢？

答：吸引力法則是確實存在的，已經有很多成功人士證實了它的存在性，然而為何有些人成功？有些人卻看不到效果？主要是你懂不懂得怎樣去運用它。吸引力法則就像一個工具，你懂得用它，它就能帶你翱翔；你不懂得用它，它就像只是一件物品。有如一輛汽車，是一個工具，你懂得開車，開得好、開得快，你便可以快速安全到達你的目的地；你不懂得開車，你就無法善用它、運用它，去到達你要去的地方。

問：不對啊！我有跟著方法用呢！

答：那你是嘗試著用它？還是相信它？你真的弄懂了它的運作？或許現在的你，只是嘗試坐在司機駕駛位置上，摸著方向盤，幻想著車子在移動，這樣是無法到達你的目的地的。你還需要懂得換擋、放手剎、踩油門呢！

問：那到底怎樣才能有效地運用吸引力法則

呢？

答：現在就逐一告訴你吧！

序二

揭秘與思變

現在是 2024 年 10 月 30 日，終於感覺完成這本書了，沒記錯的話開始著作的時候是在 2019 年，或許更早，初稿完成在 2021 年。一直感覺想表達的內容不足，因此一直沒有出版。在 2023 年更新了一次，還是覺得差點什麼，而這一次應該把基本想表達的都寫出來了。本人盡量保留原作，沒有做出太多的更改，只是增添了內容，所以有可能讀者讀起來會有格格不入的情況，在此說聲抱歉！不過衷心希望這本書能給到您一些啟發。

這書原名為「揭秘」，想隱喻解開「秘密」The Secret，但自問不是什麼成功人士，何德何能去教導成功法則呢？後來問自己寫這書的原因是什麼，其實重點是希望能夠幫助別人改變思維，獲得更好的人生，因此更名為「思變」。在這一點，我做到了。雖然還沒能過上大富大貴的生活，但是因為思維的改變，而獲得更進步的人生，我是做到了。所以這書是本人的一些心得，希望透過書的分享，可以感染他人。

另外「思變」也與「屍變」同音，想帶出沒有運用好思維猶如行屍走肉一樣，白白地度過了一生。

此書的前言也是後加的，因經歷過一場大病所得來的體悟，本人覺得它是一切開始的重點，因此內容決定放在前頭，或許能給到您不一樣的感覺。

先感謝購買此書的讀者，愿從我的經歷帶給你不一樣的人生！

感謝！感謝！感謝！

前言

面對死亡

人生是殘酷的督導，駕馭它。

希望每個人都可以善用自己的思變能力，讓生活變得更美好。

用死亡的心態面對世界。

每個人的出生環境不一樣，有人出生在富有

的家庭，有人出生在貧窮的國家，但最終的目的地都是一樣的。

每個人都知道自己會死亡，但是很少人會面對死亡。一提到死亡的話題，都會避忌不說，感覺不吉利。問題是，難道不談論死亡，就不會死嗎？

2019 年的新冠肺炎，使很多人都感覺到害怕，各方政府都趕緊要各市民打疫苗，當然這是必須要做的措施，而可笑的是，打了這個疫苗並不代表能完全免疫，並且還有其他潛藏的後遺症，這是矛盾的所在。

順帶說一下，作者本人是糖尿病患者，當時

家人很擔心我的狀況，因為根據數據分析，沒打疫苗的糖尿病患者倘若感染了新冠肺炎，死亡率是比較高的，可是打了疫苗也有可能發生其他病情，因此一直很猶豫要不要讓我打針。我很明白他們的擔憂，但是我很堅定不去打這個疫苗。

他們的嘮叨也讓我煩心，每天在重複我的病情，每天在問我要不要打針。而我不願意打針的理由有兩個：第一，我是一名中醫，因此會盡量避免化學藥物。第二，對我來說新冠肺炎只是一個比較嚴重的感冒罷了，並非不可治愈的病，就算真的不幸中了，我也很有信心能治好，還有最重要的觀點是，難道不中新冠肺炎，就不會死嗎？

或許是因為我的糖尿病曾經讓我經歷過一場

很痛苦的經歷，全身神經痛，足足痛了半年無法正常生活，需要躺在床上休息，出門複診需要坐上輪椅，疼痛發作時一步都走不動，站著痛苦流淚，最嚴重的時候二十四小時疼痛不斷，喊叫最少 2 個小時直到沒有力氣才勉強昏睡一段短暫時間，然後再次痛醒。

多種止痛藥無效，需要服用含有嗎啡成份的藥物才能得到短暫的舒緩，最後幸好是通過針灸艾灸等多種中醫治療才把病情改善。

當時最讓我失望的是，看了多個專科醫生都無法減輕我的痛苦和無法告訴我痊癒時間，我得到的回覆是，可以是半年，一年，三年或更久，並且無法減輕痛苦。這樣的答案我無法接受，因為一天的疼痛已經痛不欲生，更何況是無了期。那個時候我心裡有一個想法，假如半年沒有好轉，或許死了算了。哪怕是一年後會好轉，我看我也是沒有那顆堅強的心。當時能讓我堅持下去的只有我的女朋友，很希望能給到她幸福的生活，在我感覺成功在望的時候，卻讓這病打亂了一切，她的去留，我的心裡也是五味雜陳，一方面很希望她留在我身邊，另一方面我又擔心拖累了她。或許她當時的留守，是知道我需要她，也有可能是不想做個壞人，不管如何，後來她也選擇了離開，畢竟要照顧一個長期病患不是每個人都能做得到，久病床前無孝子，久窮家中無賢妻，始終這個社會是現實的。

在這裡分享我的一點私情，並不是要談論

什麼愛情，而是想提出，當經歷過死亡（包括心死），我感覺我的思想有了些變化。這個病給了我一個很好的體驗，感受到家人的冷漠無能，掉失了愛情，失去了健康的身體，沒有了工作能力，當心裡感覺到失去一切的時候，死亡已經不再恐懼。

漸漸的會覺得，其實死了，還有什麼需要害怕恐懼的？你所做的一切，擁有的一切，都帶不走。反而不死，才是讓人恐懼的。因此可以得出，人的恐懼不是來自於死亡，而是不死。因為死不了，才害怕在生存的時候活得痛苦，有空死，沒空病，死亡不可怕，活受罪才恐怖。

死亡的意義

這並不是說反正都要死，在活著的時候就什麼都不做，因為最後什麼都沒有了嘛。死亡不是讓你消極面對世界，反而是應該讓你更積極地活著（或許這就是造物主製造死亡的意義）。

在生到死的這段時間，在這個世界上活出最輝煌的自己，把握時間，做出一些有貢獻的事情，對這個社會，對人類，對大自然，甚至對自己，做一些有意義的事情。

度年如日

有些人活了 80 年，卻猶如只是活了 1 天。每天重複著沒有人生意義的日子，上班等下班，吃飯等睡覺。百年到來，回望自己的一生，過得有意義嗎？什麼叫死而無憾？

我的理解是：體驗了想體驗的，做了一切想做的，認識了一群志同道合的好友，和心愛的人談了一場轟轟烈烈的戀愛，過上了夢寐以求的生活。

當你完成了這輩子的使命，經歷了不平凡的人生，靈魂維度提升了，還有什麼遺憾的嗎？

“ # 正面死亡，

或許能讓你更積極地面對生活。”

目錄

I

CHAPTER

因果

宇宙法則 NO.1 ！因果！

「種瓜得瓜，種豆得豆」，已是老生常談的事情，然而在生活上，很多人卻有著「種豆得瓜」的思想。

消極思維： 懶惰、失落、悲傷、憤怒、痛苦、怨恨、委屈、不甘心、髒話、暴力等等。

良好結果： 事業有成、世界和平、家庭和諧、生活富足、長壽、離婚率低、治安良好、犯罪率低等等。

根據以上的配對，覺得能用消極思維的「因」來得到良好的「果」嗎？想得到良好的「果」，就得用良好的「因」！

積極思維： 積極、反思、進步、希望、信心、有可能、承擔、感恩等等。

不良結果： 犯罪率高、失業、搶劫、離婚率高、自殺、強姦、戰爭等等。

同樣的，積極的「因」是無法產生不良的「果」。假如一個對前途滿懷希望、充滿信心的人，他會去搶劫犯罪嗎？當人們都擁有感恩之心的時候，還會有戰爭嗎？

所以，想要怎樣的「果」，先要有怎樣的

「因」；換句話說，擁有怎樣的「因」，便有怎樣的「果」。**#而現在的你，是你思想的結果！**

積極思維： 積極、反思、進步、希望、信心、有可能、承擔、感恩等等。

良好結果： 事業有成、世界和平、家庭和諧、生活富足、長壽、離婚率低、治安良好、犯罪率低等等。

消極思維： 懶惰、失落、悲傷、憤怒、痛苦、怨恨、委屈、不甘心等等。

不良結果： 犯罪率高、失業、搶劫、離婚率高、自殺、強姦、戰爭等等。

在過去，可能因為你的懶惰，而導致到今天

的肥胖；可能因為你的憤怒，而失去了關係；也可能因為怨恨，而失去了摯愛。

以最多人關心的話題為例 **# 貧富**，今天的你，假如是富貴的話，是有富貴原因的；假如你是貧窮的話，也是有貧窮原因的。

而大部分的人都是從小就被影響，被種植了窮人的思想，因此得了貧窮的結果。

人類大概在七歲之前，是被植入思維的階段，他所看到的，感受到的，體驗到的，都會成為他的潛意識，而這階段的教育，將會影響他餘生的時光，換句話說，這大約 5% 的人生時段，將會影響他餘下 95% 的時光。

正所謂：幸福的人用童年治癒一生，不幸的人用一生治癒童年。

小孩在七歲以前，都是處在一個類似「催眠」的狀態，他們是透過觀察和體驗等來學習生活以及生存之道，他們會不斷地嘗試、嘗試、再嘗試，然後體會到所反饋的經驗而植入了潛意識中。

觀察一下小孩，他們是生活在充滿想像力的幻想中，而對他們來說，這個想像似是真實的，例如玩扮家家酒時、拿著飛機玩具在手中飛行時、把手指當手槍時，對他們來說，都像是真實的。

這是很值得保存的一種思維模式，這是天賜的思維能力，很可惜的是，孩子逐漸長大，想像力同時間在消退。影響著這件事的，大都是來自家庭的教育，是家庭教育抹殺了人生的想像力。

人生框框

大部分東方家庭對孩子灌輸了一個「你的一切都是不可能」的思維，尤其是在青少年的階段，很多時候孩子會有特別的想法，他們會向父母提出自己的構思，然後得到的回應基本都是「別做夢吧！」、「不可以！」、「不可能！」。

想去流浪嗎？危險。

想做生意？你沒能力。

想做音樂？沒前途。

當孩子在做白日夢的時候，都會被打斷，然後被命令馬上專心做功課、複習！他們被灌輸的只有努力讀書，然後找一份穩定的工作，最好是政府或銀行的工作。什麼飛機師、舞蹈員、明星、畫家 …… 這些畫面已經在孩子的腦海里被抹去，孩子還有什麼夢想可言呢？

孩子的夢想來自於幻想，幻想來自於想像，沒有了想像就什麼都沒有了。

若果當時那兩兄弟（Wright brothers）沒有了這個想像力的思維，去幻想一架能飛在天空的機器，那哪能完成人類在天空飛的夢想呢？而今天的我們，又怎麼可能享受得到前人為我們創造的便利呢？

又或是沒有當年站在樹上幻想自己飛出宇宙的小孩，後來又怎麼會有太空人呢？

不過三代

以最常看到的生活例子，窮人何以下一代也是窮，富人為何下一代也是富，除了富爸爸有大量金錢承傳給下一代，最重要的是把富有的思維承傳給下一代。

若沒能做到把思想承傳，而只是把錢財留下，就會很容易出現富不過三代的情況。因此，一夜暴富而沒有富人思維的人，即使擁有財富也可能不長久。

窮爸爸通常都會怎麼教育孩子的呢？

「你應該好好讀書，要大學畢業，不然將來沒能找到好的工作。」

「你想創業？怎麼可能？你有什麼能耐？」

「我都做不了，你能做得來？」

「安分的找一份工作，擁有一個穩定的生活。」

富爸爸的教育是怎麼的呢？

「你應該要好好學習，學海無涯，為了將來的事業好好準備！」

「想創業嗎？好啊！你可以的！」

「生活上多點嘗試，沒有什麼你是做不來的！」

「人生充滿波浪起伏，在平凡中尋找不平

凡。」

窮爸爸植入給孩子的是窮人的思想，而富爸爸植入的是富人的思想，這個「因」則導致孩子日後的「果」。他們並不需要努力去改變什麼，因為潛意識的運作，會很自然地帶給他們相應的「果」，因此窮人越窮，富人越富。

可笑的是，大學畢業後，就真的能有一份好工作嗎？有好的工作就等於有好的生活嗎？另外，這裡做一個小補充，讀書跟學習是不一樣的，讀書是離開校園便結束了，而學習是終生的。讀書是 **#STUDY**，學習是 **#LEARN**；你會發現大多數用功讀書的人出來社會工作後便不再學習，因此他們的事業十年後還是沒有任何變動，生活也沒有太大的進步。唯獨不斷學習的人，每天才會有不一樣的人生，而且是一個更豐富更美麗的人生。

該讀書嗎

打個廣告，筆者還有另一本著作《讀書讀窮你》Study make you poor，在其中有討論讀書和學習的區別，寫得比較倉促，但是也有值得參考的地方，請允許我在這裡分享一些內容，因為也涉及到思想的層面，在這裡讓我介紹一下，請多多包涵。

讀書讀窮你，是有兩方面的意義：

I. 學費真的不便宜。讀了小學、中學，之後還有大學甚至是碩士以上，雖然香港有 9 年免費教育，但是假如讀完大學應該最少也得再多 10 到 13 年的時間。大學一年平均費用也要 40,000 元左右吧，3 年到 5 年的學費也就是 120,000 元到 200,000 元不等。再加上前面中學的費用，大概 300,000 元好了。（這費用不包括在外國讀書的消費）

30 萬元在現在的社會真的不是什麼一個大數目，因為連一間房子的首付也遠遠超過這個數目了。有出來工作的朋友，你們應該能夠體會，存 30 萬元在銀行也不是那麼簡單的事情，不知道需要多久時間才能存到這筆數。當然薪水比較高的人或許會容易一些。我以大部分人的收入來計算：每月收入大概平均 15,000 元好了，然後基本每月支出消費 10,000 元。當中包括吃飯、車費、娛樂、買一些自己喜歡的東西等等，這是過得比較好一點的了。那就是每月剩下 5,000 元，一年 12 個月，就是 60,000 元。5 年後你的銀行存款應該有 30 萬元了。我不清楚各位的銀行戶口有多少錢，但是如果已經出來工作 5 年（包括失業期）的朋友們，請問有多少人戶口有這個數字呢？

假如現在房子的首付是 1,000,000 元，那換句話說需要再多大約 3 倍的時間才能存到這筆錢，即是總共 15 年。工作

15 年後，基本上可以考慮結婚生孩子了。再假如 20 歲出來工作，便是 35 歲你便可以考慮結婚了。再假如老公老婆一人一半，那就是縮短了一半的年期，就是大概在 28 歲就可以成家了。這樣算一下，感覺還是可以接受的。

可是要注意的是：①雙方真的會有這個存款嗎？②若干年後，這個首付還是這個價格嗎？這個社會有樣東西叫「通漲」。③首付過後，銀行戶口的數字將會歸零，即是說你還需要有額外的資金來籌辦結婚和孩子以及你們以後的生活費用和教育費用，這費用我就不計算了。

2. 窮你的思想。現在的教育基本上都是抹殺小孩子的思想力、創作力，社會已經規範了孩子應該得到怎樣的教育，求學求分數（雖然嘴巴說著求學不是求分數），然後畢業出來社會工作。但是並沒有教育錢的概念，也沒有教育如何對社會作出貢獻，卻期待著孩子能夠成為有成就的人。這不矛盾嗎？

因此，獨立思考非常重要。我不是說不應該上學，而應該是有目的性地去學習，要清楚知道自己想要的是什麼。我也相信很多人在出來社會工作後會去一些進修班學習，因為他們開始知道自己想要的是什麼了，而同時間會發現過往在學校裏學習的學識很多都用不上。例如數學，除了是專業人士，我們生活上用得最多的便是加減乘除，什麼 A MATHS F MATHS，可以說是一點都用不上，學校學習的方程式也沒幾個能派上用場，可是考試不及格就重讀吧。

孩子們小時候或許不確定自己想要的什麼，原因是沒有人輔導，也或許是因為接觸的東西不夠多，所以父母要做的，是教育他們獨立思考，讓他們接觸更多的東西，去發掘他們的潛能天賦，然後加以培養，而不是規範他們該學習什麼，父母要做的只是輔導以及給予支持。身為父母正確地培養孩子是非常重要的。

有相關的天賦，自然便會有興趣，然而就會做得很好。要成功，不一定是要做生意、成為醫生或律師，例如喜歡烹飪的，也可以成為一名出色的大廚，五星級的大廚可不簡單呢！**#行行出狀元，所以大家好好培養興趣吧！**

其實貧窮思想不單是學校教育的副產品，家庭教育更是最大的生產商。父母或者是身邊的任何親人，他們都會議論紛紛，姨媽姑姐意見特別多特別獨到，父母覺得孩子不聽自己的沒關係，那也聽聽親戚們說什麼啊！然後又是一堆不是怎麼想聽到的廢話。

還是那句話，她們是醫生還是律師？或者是

成功了的人士嗎？意見不是不聽，但是必須要獨立思考，起碼我們要思考的是，給你意見的這位人士，是不是你將來想要成為的對象，如果他是你的目標對象，那這人的意見是非常寶貴的。你接納的是一名醫生還是一名建築師的意見，全在你的需要和選擇。

年輕的朋友們，畢業只是開始，並不是終結。要明白學歷也會貶值，十年前大學畢業生是很吃香的，但是現在呢，大學畢業生，碩士生滿街都是。在大陸，碩士生畢業已經算是基本要求了，假如日後他們都來香港競爭的話，那我們的競爭力又在哪呢？難道跟北大碩士拼文憑？

或者說繼續讀博士？然後成為博士後？然後

再然後呢？

擁有多方面的知識，才是王道。單方面的知識是不足夠的，需要混合多種知識才能闖出一片天地。你懂得電子學，或許你會成為一名電工，製造出電磁；你懂得設計，或許你會成為一名設計師，設計出很漂亮的產品；但是如果你懂得把這兩門知識混合一切，或許你就能製造出一輛很漂亮汽車，當然這只是舉例。概念給了你們，**#獨立思考吧！**

有很多大人物都是終身學習的，李嘉誠先生便是一個很好的例子，雖然讀書不是很多，但是他有今天的成就，肯定是離不開不斷地學習。學習除了課本的知識，還有各個方面的知識，人際、溝通、投資、技術 …… 有很多認知、常識不是單透過課本得來的，雖然每個人都不可能什麼都會，但是每個人都必定有空間可以增長知識，學海無涯苦作舟！

 # Learn before you earn ！

程式化思維

你的思維系統在小時候已經被程式化，是積極的還是消極的，早已被編程；然而當你發覺這不是你想要的程式時，卻發現已經運作了好十幾年，甚至好幾十年；若果想得到不一樣的結果，你可以做的，就是從新編寫程式，把消極模式變成積極模式。

若大家細心觀察身邊的人，你會發現，他們不多不少都繼承了其父母的思維。假如這個人是自私的，其父母中必定有人是自私的；若果這人是慷慨的，其父母中也必定有人是慷慨的。因此你可以從你的伴侶中看出，他的性格如何，他的父母也必如何，而你便可以有心理準備日後如何面對這種生活。

反過來說，若如覺得自己的孩子脾氣倔強，那請父母們反思自己是否也有這樣的一個情況。

一個非常現實的社會狀況，來自破碎家庭的孩子，長大後他的婚姻多數也是不美滿的。家庭的不完整，已經植入了他思想裡面，因此這顆種子發芽後根深蒂固在其思維而導致日後當他面對感情上的不順時，分開是一個很自然的結果。對他而言，這是正常不過的事情。或許他是期望著改變的，但要一顆酸葡萄變成甜葡萄，是一件不容易的事情啊！不過要控制長出酸的葡萄還是甜的葡萄，應該還是有可能的。

你的思維被編程後，每日都是重複地運作，消極的思維，會使你每天醒來都回想之前的不愉快，過去的經驗使你創造擔憂的未來，而你的將來因應而生。同樣地，積極的思維，可使你每天起來，都擁抱著新的一天，對未來從滿希望，重複又重複地充滿著新鮮感，使你每天感受著輕鬆愉快。

不管是消極的思維還是積極的思維，都會形

成一個循環，也會導致你得到相應的結果。好循環還是壞循環，全在你一念之間，正所謂一念天堂一念地獄。

人類的腦袋就像樹根，這棵樹長得如何，全在樹根吸收的營養。

果子的質素源於種子的質量。

同一樣的東西，不會同時出現在兩個地點，用勇氣代替懦弱，用相信代替懷疑。

一切的現象皆是果，要在因播種。

你的現在，全因你的過去；可能是昨天的你，或是多年前的你；是當時的因導致你今天的果。

有一段時間，我在分析有讀大學和沒讀大學的人的區別，當時會研究的原因有幾個，例如大家都是人，人與人之間的區別在哪呢？大學生真的不一樣嗎？不一樣在哪？沒讀大學的人就真的差一截嗎？看到很多知名人士都半途退學，那上大學的意義何在呢？

經過一番觀察，我發覺到一些區別。沒讀大學而提早出來社會工作的人，他們比較成熟，說話也比較直接現實，相對也比較好玩幽默。而完成大學的人，感覺比較文雅，帶點自滿，卻擁有著稚氣。

另外，讀大學的人在學識方面肯定是比沒有讀大學的人多，但是在知識方面卻沒有比早踏出社會的人廣。不過呢，在某方面讀過大學的人在面對同一個問題的時候能提出更多理論性的結論。還有就是讀過大學的人有時候他們的思維會比較廣或遠，而我覺得這個差別是因為沒讀過大學的人少了一定的認知度。

總括來說，提早出來工作的人，他們擁有的是社會的經驗，心態比較成熟，人際關係比較好，比較懂得生活意義，願意虛心學習，卻因為缺乏了學識使他們比較困難走得更遠；而讀過大學的人，學識比較高，但比較難虛心學習，而且需要一定的磨練，否則無法把學到的運用出來。

然而進一步去想，其實提早工作的人他們是比較聰明，相對也比較壞或愛玩，因此才沒讀大學。而能夠入讀大學的，普遍都是比較乖，用功讀書的人。

所以我覺得，其實不乖的孩子，他們發展的潛力是比較大的。一來，他們比較會動腦子，二來他們的人生體驗會比較多。反過來，乖的孩子沒什麼機會體驗生活，他們的思維被局限了，當然假如這群孩子有學識同時又懂得動腦子的話，他們通往成功的路肯定是比較輕鬆的。

不瞞說，我是比較喜歡和壞孩子打交道的，乖孩子有時候會令人髮指。

或許以上就是我會有讀書讀窮思維的結論來源吧，這個觀察得來的感覺，我也只能大概這樣描述，那種感覺我無法用筆墨完全形容出來。

不過呢，我也確定了一件事情，上學的目的不單單只是為了讀書，接受高等教育主要是為了提高學習的能力，這才是為何要得到更好的教育。

積極地活著吧！愉快的生活就在面前！

“ # 種瓜得瓜種豆得豆
你是你思想的結果！ ”

2

CHAPTER

範疇

宇宙法則 NO.2 ！範疇一定會贏！

物以類聚，人以群分；近朱者赤，近墨者黑；當你生活在某一個範疇，是很難不被它影響的。假如你跟一群的士司機混在一起多了，久而久之你也會成為一名的士司機，就算你沒有真的轉行做司機，起碼你說話的內容與方式慢慢會被他們同化；有如跟一班小混混一起玩耍多了，慢慢地抽煙、喝酒、打架都學會了；如果你身邊的朋友都是億萬富豪，談的都是投資、賺錢、項目，再爛你也能混個百萬富翁！你在怎樣的範疇，就會被那個範疇改變，這是不可避免的事情。

有沒有想過為何會有世界大戰？然後何為它又會結束？

當有一群人支持著這個領袖，同意其想法，跟隨他去打仗，慾征服其他不是同一想法的人，戰爭便開始了。而只要本來不認同其想法的人們，全部最後都同意其想法，戰爭便會結束，範疇已被統一。若有人不同意其帶領方式，戰爭便會不斷，或再重現。直至某一方的範疇勝出，或是大於另一範疇，戰爭便會終止。例如剛開始想打仗的人為多，戰爭便開始，而日久想得到和平的人較多，戰爭便會終止。

俗語說「得民心者得天下！」，這是名言。你能成為民心的範疇，全民皆支持你，這個寶座不是你坐還有誰能呢？若果民心不在於你，你的寶座也坐不了多久。歷代皇朝，有哪一個不是經歷這樣的過程？劉邦起初能力低微，最終卻能打敗霸王項羽，靠的不就是贏得民心嗎？

孟母三遷是家傳戶曉的故事，為何那麼辛苦要三遷呢？還不是希望能有一個好的環境。

如果想學會某種語言，最快最好的方法，便是去說這個語言的地方居住一段時間，不用幾個月，保證學會！

有能力的家長，為了小孩的前途，都會盡量安排他們入進名校唸書。筆者不是名校畢業，因此也不覺得非要名校不可。其想法是，假如每個學生都需要名校畢業才能有前途的話，那豈不是大部分的人都沒有前途可言？這麼一說，不進名校的人基本上可以放棄學業了，反正讀了也是白讀。

到現在，我還是維持這個觀念的，只是同時也發現了一件事情，好的學校或許真的能帶來一些比較好的結果。做了多年學生之後，也曾經嘗試過教育他人，從經驗中領略到，好的師資是很重要的。一位出色的老師，並不是站在學生前面跟著課本說教便是老師，這樣的教學是沒意義的。真正的老師是要能讓學生明白所教導的內容，除了書本的內容，還要把所學到的能夠運用到日常生活中，是要學生們真的明白並了解其中的含義。身為學生的時候，對比一些老師的講課，發現懂得教導的老師是能夠讓你很容易了解課中內容，而不懂得教導的老師，會使你很難專心、經常分心、睡覺，甚至討厭其科目。

因此，使我明白到名校值錢的地方在於，裡面的師資是應該比其它學校的老師懂得教導。另外，就是學校的氛圍，都是比較用功的學生，當你孩子在這樣的環境下，自然就會被感染，就算是比較懶惰的孩子，可能也會被影響感化，因而作出改變。就像宇宙法則一樣，範疇影響人生！

當然，還是那句話，不讀名校並不代表沒有前途。校園只是一個小型社會，真正的課程，是在社會大學，你在社會上面對怎樣的範疇，比你有沒有在名校畢業，更影響你的一生。

天賦

借此機會，想分享一下筆者對學生上學意義的看法。深感明白各位家長都很在乎孩子在學校的學習成績，成績單是一個很有力的證明其學生在課堂上學到了多少知識，是個非常清晰的總結。不過成績單並不代表一切，我看見很多家長當知道孩子成績不好的時候，都加以譴責、懲罰、打鬧 …… 其實除了成績高與低之外，家長們有沒有用心去發掘過孩子的專長呢？

或許孩子在語文科成績不如理想，但是他的天賦在音樂啊！那請問家長們有沒有培養孩子的音樂天賦呢？音樂是無國界語言呢！

（假如你的孩子是周杰倫，米高積遜這樣的

人物呢？）

或許孩子數學成績不好，但是他的運動細胞非凡，是個跑步好手，那請問家長們有沒有好好培養孩子的天賦呢？他只需要知道減數，每一次的練習比之前少一秒就是了。

（假如你的孩子是劉翔，菲比斯等人呢？）

你們的孩子將來可能是一位生意人，所以他並不需要很懂化學；可能會是一位大畫家，所以語文對他作用不大；可能會是一位名廚，所以並不需要很好的中英數；發掘孩子的天賦吧！並加以培養！他們會有一個屬於他們自己的天地！

假如每個孩子都被安排非要成為醫生、律師

不可，那其他崗位都沒有人工作了。難道這個社會能夠全部都是醫生、律師？再加上以理論上推斷，當醫生、律師氾濫的時候，其收入應該也不可觀了。

校園是小型社會

除了要說關於對孩子天賦的培養，在學校里更值得學習的是，該如何和其他人相處。請問有多少個家長或老師有加強和注重這一點？前面提及到校園是一個小型社會，其實學校真的是應該為孩子踏出社會之前作出良好的準備，讓他們學習到如何在社會生存以及如何和其他人有良好的相處關係。同學與同學之間是個基本練習，如何友善地相處，互相幫忙，共同協力地去完成某些事情，如何去組織或團結地完成一些任務等等，都是需要灌輸給孩子的思維。不然，培養出打架、出賣、互相傷害、各自為利而失去友情等行為，則日後在社會上便是這樣的人成為棟樑。

現在的教育都是怎樣？

1. 能把誰弄壞了椅子的人供出來，就只懲罰他一個，否則全部懲罰！（這是培養出賣）
2. 不是打你就是打他！（為了自保，可能陷害他人）

當他們帶著出賣、陷害等思想踏出社會的時候，可以想像這個社會將會變成怎麼樣嗎？我相信在社會上工作過的朋友，一定遇過出賣、陷害、唯利是圖的人吧！請問擁有這些思維的人是怎樣被培養出來的呢？

關於教育，不只是在學校的教導，在家裡的教育也是很重要的，家長也不能把全部的責任都推到學校裡，尤其是父母的影響比其它都來得大。以上的教育情況，相信不陌生吧？家裡或學校都有可能發生。

還有很多類似的錯誤教育方式，希望大家日後多加注意，盡量用正面的方式去教育，為了你們的下一代，為了自己的未來。

其實現在你對孩子的教育，便是在建立自己將來的範疇，這一刻孩子得到良好的思維植入，若干年後，你便生活在良好的範疇社會。就像近年來的多處暴動抗議，請問他們的思維又是如何被植入的呢？家長們又有沒有覺得自己需要附上一定的責任呢？

十多年前起的教育，導致今天場景。他們被輸入何種的思維，便擁有了怎麼的範疇。積極的？消極的？在孩子還是懵懂的時候，全賴你的功勞。

人與人之間，必定是擁有相似的思維才能聚在一起，成為朋友甚至情侶。當兩個不同成長環境的人在一起，就是同時間把兩個範疇在融合，即所謂的磨合階段。磨合階段結束後，便產生出一個新的範疇，而這個範疇又伸延至下一代。若兩人的範疇最後不能相容，則會分道揚鑣，即是

「道不同，不相為謀」。喜歡打球的，便會一起打球；喜歡看書的，便會一起看書；所以若想擁有一段良好的關係，則雙方需要擁有良好的、相似的思維。

一個人有一個人的範疇，兩個人有兩個人的範疇；一個社會便是一個社會的範疇，一個國家便是一個國家的範疇；它們都在互相影響著，若想改變他人，先改變自己，你是一切的本源。

範疇可以是環境，可以是人，可以是習慣，範疇是會影響你的能量，在作者的理解，《原子習慣》是一本可以指導你如何建立有利於自己範疇的書，有興趣可以閱讀一下。

請問，你讓你的腦袋生活在一個怎樣的範疇呢？

物以類聚

有沒有想過，思想也是會物以類聚的呢？我們日常的行為、語言、思想，也是一種能量，既然是能量，便能聚集。所以思想雖然是一種讓你看不見、摸不著的東西，但它卻蘊含了能量，當這個能量夠大的時候，很自然便會吸引到相關的人及事情。例如某某很喜歡單車，想創立一個單車會，很自然他便會吸引到同樣喜歡這運動的人而成立這個會。或者一個想靠搶劫為生的人，也會吸引到相應的人而成立一個小幫會。

而有時候一個人的思維，可以形成一個範疇，並且影響著很多人。例如一個地方的最高領導人，他的思維是怎樣的，變會形成那麼地方的範疇，建立一種風氣或習俗，甚至乎能牽連其他國家。

比如美國總統唐納川普，他的思想在當地建立了一個範疇，慫使國家強大，並且給了全世界一個範疇，引發關稅戰爭，牽連世界各地。

可見，思想是何其重要呢！

例如《思考致富》《秘密》《富爸爸窮爸爸》這一系列弘揚四海的書籍，都提及心態思想要正面積極，這是成為成功人士的首要條件之一！

試問，有誰看過一個成功人士是很消極地出現在你的面前呢？

話到這裡，或許你會想：還不就是要積極嘛……這不是廢話嗎？我已經很積極地工作啦！又如何呢？

沒錯！積極是運用吸引力法則有效的首要條件，但是積極的態度只是條件之一，而不是全部。接下來還有更重要的一步，也是最艱難做到的一步——信念！

 # 孟母三遷，範疇會影響你！

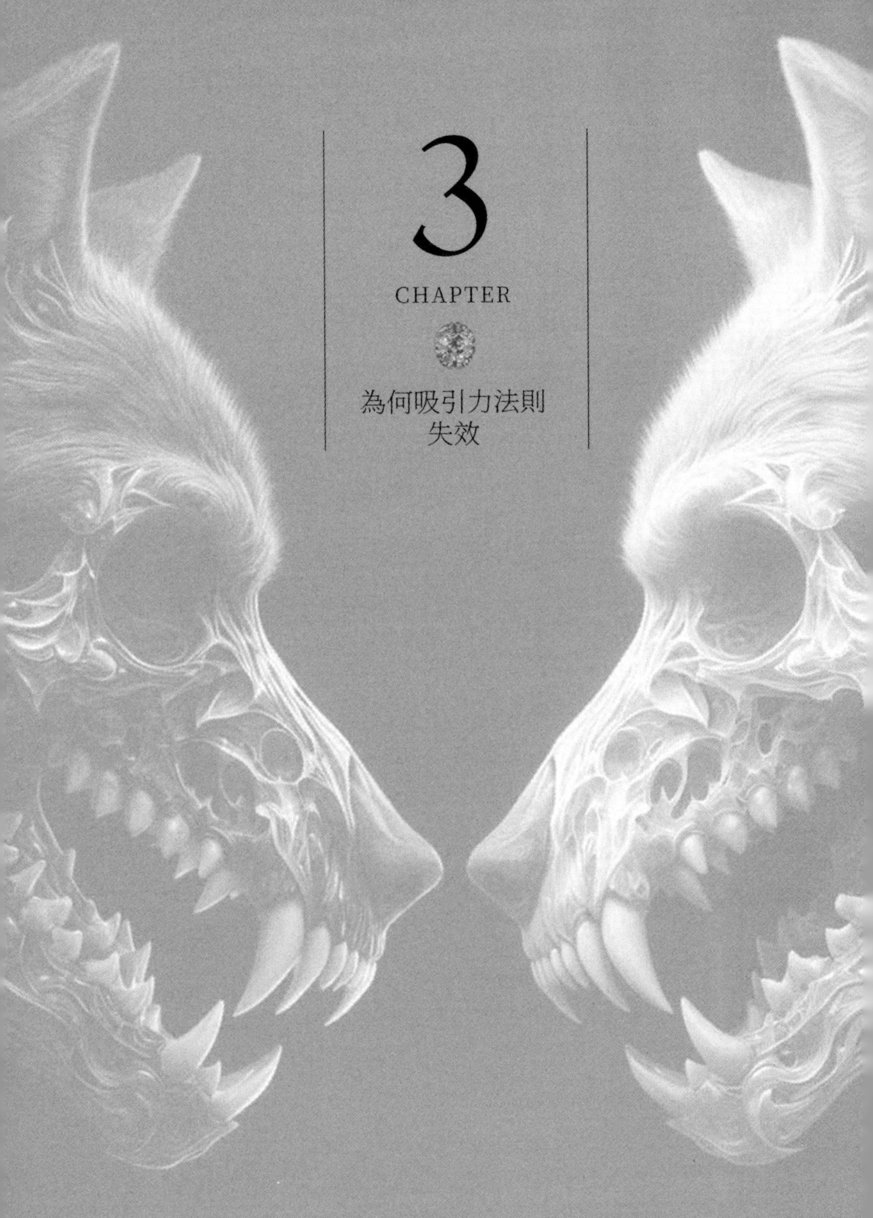

3

CHAPTER

為何吸引力法則
失效

為何吸引力法則失效

許多朋友都在疑惑，吸引力法則的真實性，因為好事總沒發生在他身上，但是糟糕的事情卻一籮籮。

其實大家反過來看，吸引力法則還是在暗地裡操作，只是它吸引的是糟糕的事情罷了。你是一個磁鐵，你是你思想的結果，你想著什麼就會得到什麼！

那為什麼得到的都是不好的事情？美好的事

總是摸不著找？

那是因為你在想著不好事情的時候，總是相信它會發生，你產生了恐懼！產生了情感！正所謂越害怕的事情越會發生！

現在請讀者們放鬆心情，然後 **# 想像** 自己在廚房的冰櫃中取出一顆檸檬，你能清楚看見它的黃色外皮，帶有兩頭綠色的尖端，輕輕的捏一捏它，感受它的硬度和重量。此刻你還沒能嗅到它濃烈的檸檬味。

跟著把它切開兩半，再將它拿起靠近自己的鼻子聞一下，那股清新的檸檬香氣薰香撲鼻而來，接著將它放進嘴巴去品味它的酸味。

如果閣下成功幻想這情境並運用好您的想象力，此刻應該能感受到嘴裡的口水分泌。

要吸引力法則生效它的魔力，使用條件是 **# 思維 + 情感**！兩者相合才能結合為相信！沒有情感的思維只是一個空想，空想是很難實現的。當你想著蟑螂的時候，你感覺到惡心、害怕，萬種恐怖的畫面浮現在腦袋里，有畫面，有動作，有聲音（自己的尖叫），那是多麼真實的畫面啊！然後在不久的將來你就看見它了！這個過程，是包含了 **# 思維**的產生，**# 情感**的加入，還有 **# 相信**的力量！

可悲的是，原來我們可以運用同樣的方法來得到自己想要的東西而不知道，或者不相信。思維、情感、相信，只是工具罷了，這工具既然可以讓我們得到害怕的事情，那肯定也能得到我們想要的事情！

在生活上，其實很多時候我們不覺意間運用了吸引力法則而不自知，回想一些小事情，或者回想一下你是如何得到你想的東西？在得到你想要的東西之前，你的思維是怎樣的？你的情感是怎樣的？你是否在沒有得到它以前就感覺你已經得到了？

當你遇見了一個喜歡的人，是否幻想過跟他相處，跟他接觸？是否有幻想過跟對方吃飯、聊天、做愛做的事？當你感覺到在不久的將來一定會跟對方拍拖，是否最後都實現了？

只要你信以為真，通常事情都會發生；但只要你有那麼一丁點的懷疑，這結果都不一定會出現。

男生追求女生的時候，有沒有發覺你追到的對象通常都是你有信心能追到的人？假如是面對一個女神，基本上都追不到，因為沒有那個信心。當你失去信心的時候，就無法好好表現自己，把最好的一面展示出來，也可能會顯得手忙腳亂，導致最終的失敗。

可能有人會說，要追到女神首要條件是錢！這點我不會否認，但是有沒有想過有錢和沒錢的分別在哪？難道只是因為女神愛錢嗎？

幻想一下，現在你很窮，沒錢，一位心目中的女神在你面前，你想追她而你心裡的感覺是怎麼樣？有沒有覺得連搭訕的勇氣都沒有？

然後再幻想一下，現在你很富有，億萬富翁！同樣是這位女神在你面前，你想追她而你心裡的感覺又是怎樣的呢？（過去跟她打個招呼吧，看能不能認識一下）會不會有這樣的一個感覺呢？

女神是同一個女神，你也是同一個你，分別只是在於有錢有自信的你和沒錢沒自信的你，有錢的時候，你相信你能跟她對上話，沒錢的時候就連說話的信心都沒有了。當然，往後的發展，她是愛你的錢，還是愛你的人，這是後話。但是連搭訕的勇氣都沒有，哪來的後話呢？

再說，真感情是不應該基於金錢上的，假如是NO MONEY NO TALK，那確實沒必要聊下去。

而女生遇到男神的時候，有沒有因為自己的外貌不揚，或是身材不好，從而失去一個認識對象的機會呢？不注重外在美的說話是騙人的，但是內在美確實更加重要，若只有外在美而失去內在美，這樣的女生也不會吸引到好的男人，唯有內在美，才能讓你得到幸福。外在美是上天賜的幸，內在美是自己種的福。

感受 - 相信的力量

運用吸引力法則，簡單三步驟，請求、相信、接收，請求和接收是最簡單的，請求就像祈禱或求神一樣，發出你的夙願；接收就是等待結果的來臨，然後接納。而最困難的就是在結果還沒來臨之前，你相信它必定能到來。

很多人都是沒有做好「相信」這一步，而導致吸引力法則失效。肯定又有一些朋友說：我有相信啊！我真的相信我能得到，但是就是沒有。

如果沒能運用到吸引力法則來得到自己想要的東西，那請問那些說自己相信了的朋友，你們感受到它嗎？感覺到興奮嗎？感覺到快樂嗎？還是只是平平無奇地「相信」了？

筆者在這裡再介紹各位看一下《西瓦心靈術》THE SILVA MIND CONTROL METHOD 這本書，覺得裏面的內容跟吸引力法則同出一徹，雖然此書中沒有提及過吸引力法則的字眼，但是使用的方法和理論根本上是沒什麼兩樣。書中運用的方法概念是，首先提出要求，然而相信它的發生，並且最後要期待它的發生；這和吸引力法則的請求，相信，接受，是同一概念。（筆者覺得期待它的發生比接收更好一些，因為前者更有主動的感覺，而後者則是被動）

前面有提及到，思維＋情感是相信的基礎，假如沒有情感的輸入，就只是空想罷了，而在沒有情感之下的相信，或許只是腦袋和嘴巴上的相信，那就不是內心真的相信。就好比一個嘴巴上說相信你的人，他是否真的相信你，是能感覺到的。

想知道什麼叫情感？我猜男人可以透過看 A 片，有畫面，有聲音，或者想著女神，充滿幻想，想想也開心～這個時候的你，是不是特別有感覺呢～

而女生，應該都是透過看韓劇、台劇，把自己代入了主角劇情，眼淚跟著流的那種，就是這種感覺了～

內在力量很重要，不如試一下用幾秒鐘，幻

想一下當你得到你想要的東西的時候的情況～去感受那感覺～

有沒有感受到興奮？開心？輕鬆？愉快？

如果你感受到，那記住這感覺，這就是情感的輸入，也就是運用吸引力法則的方法！再說一遍，這就是運用吸引力法則的方法！

同樣的，恐懼、失落、擔心、緊張、不愉快，都是情感的輸入，而大部分的時候人們都是比較容易產生悲觀的情感，因此不良的結果相對容易產生。

到這一刻，大家開始明白為何自己無法利用

吸引力法則來得到美好的事情了吧？

在男女關係上，可能更能體現出吸引力法則的存在。情侶的相處，為何總出現爭吵或分手？最大的原因，可能就是大家的範疇不一樣。無可置疑，每個人的生長環境不一樣，範疇一定不同，而雙方能走在一起，一定是有相同的地方，或是某些原因把對方吸引過來的。

在相處的同時，彼此也在成長，而當成長的過程中，雙方的範疇開始有距離，分開是自然的事情。不是經常說女性比男性更快成熟嗎？所以在中學的情侶都是很愉快的，而漸漸長大後，女生開始嫌棄男生幼稚，最後導致分手以及會跟比自己年長的男性在一起。因為女生的思想範疇已經改變，而男生的思想還在原地踏步，所以99%的初戀都是無疾而終。

這麼一看，吸引力法則失效了嗎？不對，正因它的存在，所以你才吸引另一個符合你思想的人。因此，若想長相廝守，那就盡量保持雙方的範疇一致吧。

若果大家還是心存懷疑，或者心中的願望太大導致自己不敢相信，不如嘗試從細小的事情開始，看看吸引力法則能帶給你怎樣的效果？其實很多人都成功運用過吸引力法則得到他們想要的，只是自己沒察覺而已。回顧一下，有沒有試過看到一間新開的餐廳，看到那美味的食物，想著一定要去嘗試，最終你在那餐廳出現了？有沒有試過看到某些東西你很喜歡，結果你的伴侶或是親人給你買了？只要你細心注意一下，生活上每天總有一兩樣東西是你想要的，然後都會得到，當然前提是你心裡是感覺到它。

你需要擁有正面、積極的思維，才能擁有良好的結果。

感覺才是最好的溝通渠道

筆者曾經看過一本叫《與神對話》的書，推薦大家閱讀。內容是關於作者把他與神對話的過程記錄下來，而最重要的一點它提及到的是，造物主主要首先是通過 **# 感覺（FEEL）** 與我們溝通，然後是 **# 經驗（EXPERIENCE）**，最後才

是 **#語言（LANGUAGE）**。

 # 語言是最差的溝通方式，
感覺才是最好的溝通渠道。

關於這一點，細心想一下，也不是沒有道理，比如兩個人初次見面的時候都是以感覺主導，你是否喜歡或討厭這樣人，那是在發生語言溝通之前。然而很多矛盾都是在語言溝通之後才發生，以現代生活為例，大部分時候我們都是通過手機通訊軟件打字聯繫溝通，而同一句話的演繹，只是透過閱讀其文字（語言）有時候會有不一樣的解讀，會使人產生誤會，因此也有人會說文字是沒有溫度的，而這「溫度」不也是FEEL嗎？所以或許感覺才是我們需要很用心關注的工具。

接著問題來了，相信每個人都體驗過同一時間中有不同的感覺以及多種聲音在腦海出現，那怎樣才能知道哪一些是自己的思想？哪一些才是神的回應呢？

書中提及到的意思是，能讓你感覺到開心、興奮的感覺和聲音，便是祂的回應。

無獨有偶，吸引力法則也是講情感，也是講感覺，你是需要在得到之前便感覺到它的存在，感覺已經擁有它，並且相信這一切會發生。

感覺是一種能量，看不見、摸不著，卻是確確實實地存在著。造物者給了我們這個工具，必定有它的有用之處。

除了以上所說的內容，還有一個關鍵點，就是你所請求的 **# 必須是合理**的。舉例，你不能期待明天長個翅膀飛上天空，或是下一秒鐘你就發大財，這是不太現實的事情。

另外，你也不可能去控制特定某人士去做任何事情，因為每個人都有自由意志，直白點說就是比如你不能請求某人喜歡上你，吸引力法則在這種事情上是不會發生的，你也不想喜歡上一個你不喜歡的人吧？

但是你還是能請求你喜歡的人（類型）出現，你喜歡的某個人不一定會跟你在一起，但是你所期待的類型人物，會在適當的時候出現。

相信相信的力量

這章節最後想跟大家分享一下個人體驗，雖然作者也沒有百分百運用好吸引力法則來得到最大的利益（因為缺乏信心，用到不好的地方去了），但是也敢負責任地說，只要有信心的時候，心中所想，確實都能實現。

我想用成為中醫的經歷來分享對吸引力法則的體驗，畢竟成為中醫是本人最驕傲的事情。

曾經的我迷失方向，在工作上找不到出路，不甘一輩子做「打工仔」，但也沒有做生意的本事，可是心裡知道不能就這樣過一輩子。一天晚上，對造物主祈禱（雖然沒有宗教信仰，但本人相信有造物主），請指點方向，給點提示，因為真的想不到自己該往哪個行業發展（從事過貿易、媒體、傳銷、金融、保險、的士等）。

隔天張開眼睛的時候，一個聲音出現「中醫」，這是我 2 年前曾經考慮過的行業，因此馬上再次尋找資料，看看怎樣進入這個行業。

做出決定後，便開始了學習中醫的路程。

重點來了！

在大陸學習的第一年，我便暗中設定了目標，我要在畢業的時候，比現在的老中醫厲害！（請求）

我相信我能做得到！（相信）

因此第一年我便開始尋找老師跟師學習臨床。（行動）

學校的臨床安排是在第五年，最後一年，但是我明白臨床一年時間太短了，假如我要畢業的時候超越老中醫，那是不可能的事情。（合理）

結果在畢業的時候，本人的醫術確實不下於老中醫。（接受）

在此強調一下（請求）這個部分，或許應該用「命令」更合適。我們的「要求」便是對上天的「命令」，而上天必須回應。這點跟「阿拉丁」故事沒什麼區別。

六道

再分享一下心得，某一次去了香港的慈山寺觀光，當天有一名法師出席，很多信徒站在大門外等候，當時看到很多人在祈求的樣子，作者不禁恍惚看到了餓鬼道，那種哀求的感覺，讓我心裡有些毛骨悚然。本人沒有任何不尊敬的意思，事實上這樣的情景也不是新鮮事，更何況曾經的我也是其中一人啊！只是近年來心態變了，思維變了，看事物的角度變了，剛好讓我從一個很靜

心的角度觀察到這樣的一個情景。（六道不在死後，是在人間）

當時心想，以往的我是何等的缺乏啊！

所以請各位使用「命令」的方式，而不是哀求的方式來發出請求。

要 VS 想

當年我是「要」成為一名出色的中醫，而不是「想」成為出色的中醫，後來我不斷反復思考這個區別，是有莫大關聯的，這也是運用吸引力法則的重點之一。

運用「想」的時候，是無力的，是不積極的，是缺乏的。而運用「要」的時候，是積極的，是有目標性的，是會推動行動的，任何的想法目標，是需要行動才能發生，哪怕你要中頭獎，也得行動買彩票。

我反復思考這句話，假如當年我只是「想」成為一名出色的中醫，我的行動力不會那麼大，最後或許結果只會停留在「夢想」，而當我「要」的時候，這就成為我的「理想」。

當你「要」去做某些事情的時候，很自然會有種推動力讓你實行，而其中你也會「相信」你能完成這件事情，最後便是獲得結果。

所以懇請各位，當發出請求的時候，可以使用「要」或「會」這兩個字眼，語言是有能量的，並且是免費的，好好利用這個上天賜給我們的能力。

在你懷疑吸引力法則的時候，覺得這是很不科學的謬論時，不妨我們換個角度去看，科學已經證明了腦電波的存在，也有一些科技可以運動腦電波去控制一些儀器，而吸引力法則提及我們就像一塊磁鐵，能吸引我們想得到的東西，那這磁鐵不就是腦電波嗎？我們的思想就是不斷地在向宇宙發射腦電波，而宇宙的電波已經設定了，假如你想與宇宙某些東西同頻，你便需要調教自己的思維頻道與宇宙同頻，就像收音機或電視機一樣，必須調至同頻才能收聽或收看想接收的內容，不知各位覺得這樣的解釋合理嗎？

當初或許就是我要成為中醫的腦電波，才引領著我獲取相關的知識。

要相信相信的力量。

信心並不是希望。

“#思維 + 情感 = 相信”

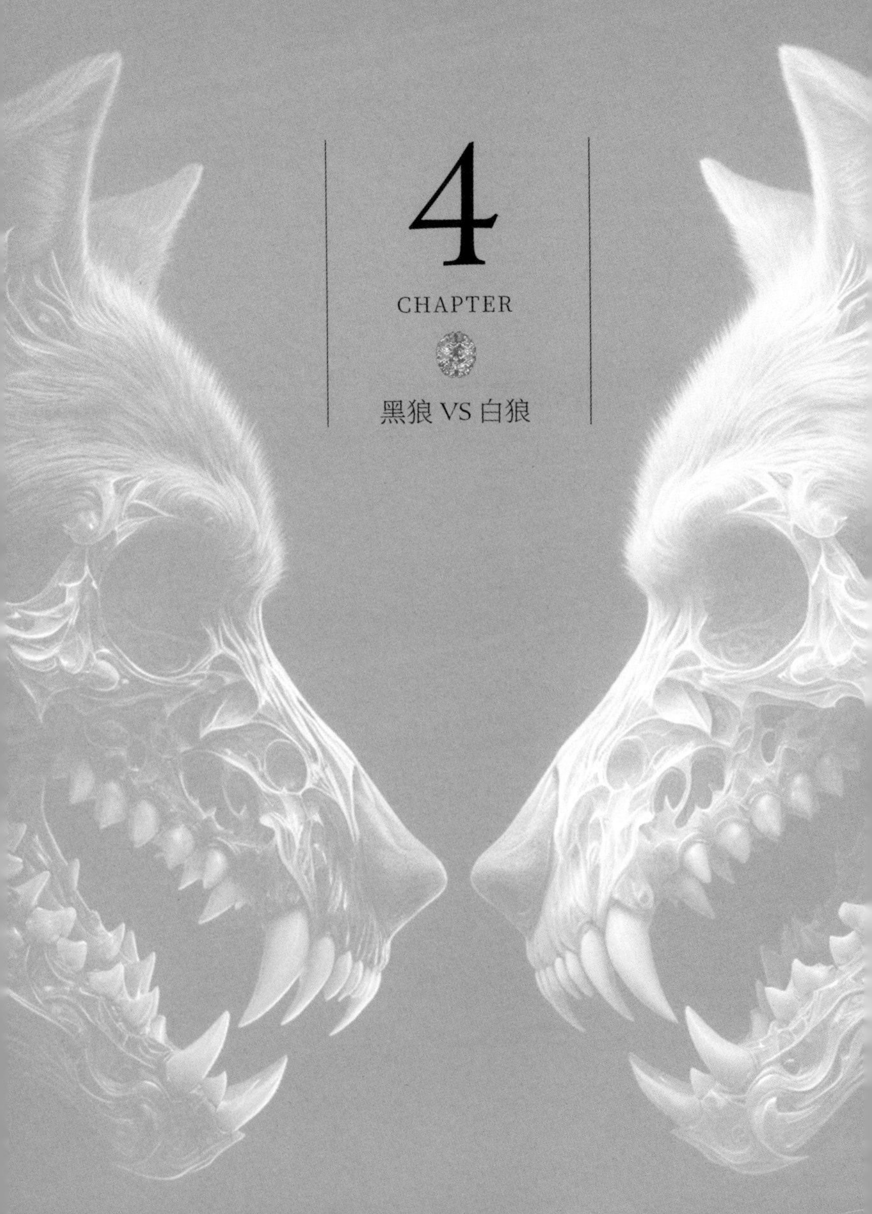

4

CHAPTER

黑狼 VS 白狼

黑狼 VS 白狼

可能很多人都明白需要正面和積極的思維，可是做起來卻很難。假如你是身處在這個情況，希望這一章能給到你一些啟發。

有一定閱歷的人，應該都聽過「不要去改變他人，要改變自己」這句話，事實上筆者用了好幾年的時間才能體會到這句話的真理。如果沒有體會的人，不妨用這個角度想想，假如連自己都改變不了，更何況去改變別人呢？你除了能控制自己的思想，你還能控制什麼呢？連唯一能控制的事情都做不了，你覺得還能控制別的事情嗎？

你的腦袋在想什麼沒有人能知道，同樣地別人的腦袋在想什麼你也不會知道。你能控制自己的行為，但是卻無法控制他人的行為。所以，若想改變外面的世界，首先要改變自己的內在世界，**# 你是一切的本源**，改變自己。

又回到物以類聚人以群分的理論，當你是律師的時候，你身邊的人都是律師，討論的都是法律；當你是廚師的時候，身邊都是容易聚集喜歡烹飪的人，討論的都是食物、食材、菜譜等。

你就是本源，你是怎樣的人，你就會吸引到相對的事情和人士。

你是一名樂觀的人，就會吸引快樂。

問題是我天生一名悲觀人，又怎麼變樂觀呢？無緣無故無法快樂起來啊！要是我能樂觀，就不用悲觀啦！

沒錯！有樂觀，就不會悲觀；有悲觀，就是因為沒有樂觀；那現在要做的就是如何把樂觀的心態植入內心！

每個人心裡都有兩隻狼，一隻黑狼，主宰悲觀情緒；一隻白狼，主宰樂觀情緒；而這兩隻狼會不停地在你的內心不停爭鬥直到你死亡的那天。

有人可能想知道，那到底怎樣才可以消除黑狼，讓白狼勝出呢？

我們首先要弄清楚兩件事情：①想讓哪一隻狼勝出，很簡單，就是給那隻狼好的食物，把那隻狼養大強壯。②兩隻狼永遠都會存在。

悲觀情緒就像一個影子，它永遠都會跟隨著你，不管太陽（樂觀）的光有多猛烈，影子都會存在。只是當太陽西沉的時候，你的影子會被拉長，而影子最短的時候，是正在午時，太陽高掛在頭頂的時候。

因此，影子是不會消失的，只是它存在的多與少。這點大家要明白。

換句話說，你不要嘗試去抹殺悲觀，因為當你這樣想的時候，你會發覺越做越費力，越無法擺脫它，最後悲觀情緒只會越來越大，而感到氣餒。

你要做的是，植入樂觀情緒於你的心內，把白狼養大，自然黑狼就會弱小。在一個太極圈內，白色越多，黑色的地方就越少，但黑白必定是互根存在著。

我相信很多人是這樣嘗試著 —— 我想開心的過活，我不想有不開心的情緒，不能傷心 …… 最後還是遇上不愉快的事情，最後還是感到不開心，然後告訴自己失敗了。

有沒有發生過類似的狀況呢？如果有，就得嘗試一個新的方法了。

接受自己

想改變自己，為了有更好的將來，第一步要做的就是 **#了解自己、包容自己、容納自己、接受自己、面對自己、不抗拒自己**；必須要把這步做好後，才能改變自己。

很多人當面對自己不足地方的時候，通常第一反應是抗拒，不承認自己有錯誤，不接受這樣的自己，總會有藉口支持自己，證明自己沒有不好。若是這樣的話，便沒有人能夠幫你使你活得更好。

有如剛才提到的，影子必定會存在，因此你必須接受它，承認它！當你接受了悲觀情緒的存在，你便能擁有樂觀的情緒了。

黑狼還是白狼會贏，全在你的選擇！面對同一件事情，你可以用黑狼來面對，也可以用白狼來面對。比如打破了一個花瓶，你可以選擇整天不開心，咒罵某某弄成這樣，然後埋怨一個星期；你也可以選擇平靜的心，想著舊的不去新的不來，然後再買一個新的，或者更深一層去想，買個花瓶回來是用來欣賞開心的，而不是用來動怒的。同一件事情的發生，你可以選擇用不同的態度來面對或回應。

情緒影響身體力量大

曾經有一個病案，有一對老夫婦經過檢查後發現患上了癌症末期，醫生診斷只剩下三個月到半年左右的生命。這夫婦後來也沒做什麼治療，只是把房子家產都賣掉，決定環遊世界快快樂樂地來享受最後的人生。日子一天一天的過，過了一個月又一個月，最後他們一年後回來了，當再次回去醫院作身體檢查後得出，報告結果是癌細胞消失了！

當一個人患上絕症或其他病後，其心態是非常重要的，若果你能以樂觀的心態去面對，有很大機會是能夠痊愈的。在過程中，你可以幻想自己康復的樣子，去感受身體健康的狀態，這能對其病情有很利益的幫助。

反過來看，林黛玉因長期的抑鬱，最後便患上了肺病（在中醫理論裏，肺主悲）。悲觀的情緒是非常影響健康的，原本沒病也可以因思成病，試問現在的年代，有多少人因壓力而得到疾病，有多少人得到最近很流行的都市病啊！

另一本很有趣的書本值得推薦《水知道答案》，由一位日本作者江本勝博士著作。是關於作者對水分子的多年觀察和研究，發現水分子會因外界的信息來辨別美醜善惡，從而影響水分子的結晶，當水聽到古典交響樂，就會產生美麗的水結晶；但當聽到比較吵鬧的音樂時，結晶就會變得醜陋。他認為，水具有複製、記憶、感受和傳達資訊的能力。除了聽音樂外，他也嘗試過用漂亮和醜陋的杯子做對比，也嘗試過在杯子上分別貼上讚美和咒罵的字眼，其結果是漂亮、讚美的水結晶是美麗的和完整的，而醜陋、咒罵的水結晶是不規則、破裂的。

音樂為無國界語言，本人認為音樂的作用其實被低估了，並沒有完全充分地發揮出來。有時候在電視節目中，我們可以看到遠古的巫醫，在進行治療或祈福中，都會有一些族人在跳舞、敲擊音樂助陣，而他們這樣做，可能就是借用音樂的力量。

有沒有留意到，**#「藥」這個字，是由樂字組成**，在最當初的時候，人類治病，就是靠音樂為主，之後才有草本的出現。

人體有 70% 的是水分，假如負面的情緒在影響著結晶成份，可想而知其後果有多嚴重。不規則、破裂，導致身體生病，甚至乎死亡。老夫婦或因快樂地過活，而使體內的水結晶結構回復正常美麗，才能令癌細胞消失。

每當擁有負面情緒的時候，容易會有呼吸困難，沉重，心煩等感覺，在這個時候，你可以嘗試放鬆自己，深呼吸（任何方法），讓自己 **#放鬆、放鬆、再放鬆** …… 直到壓抑的感覺減去，然後利用正面的思維（感到輕鬆愉快）來面對當下的情況。久而久之，正面和積極的能量便會越來越大，白狼越來越強！

不用急馬上要看到效果，改變自己是需要時間的，你不可能以某個方式生活了幾十年，然後期望用一天的時間便能改變為另一個你，吸引力法則是需要練習的，改善自己也是需要練習的。只要堅持練習，很快你便能純熟運用。

恐懼源於自己

現在來個簡單的練習吧！幻想一個你害怕的事情，然後感受它、接受它、面對它、克服它！

我以蟑螂來做一個例子，害怕蟑螂的朋友，現在請你閉上眼睛，幻想一下這蟑螂正在你的不遠處，它看著你，你看著它，你現在的感受是怎樣呢？恐懼？害怕？冒冷汗？這一切感覺好好地感受它，接受它 …… 感到恐懼就讓自己恐懼 …… 接受這恐懼，適應這恐懼 …… 然後放鬆自己 …… 不斷地放鬆自己 …… 再放鬆自己 …… 直到心情平伏下來；現在再拿出你心裡的勇氣來面對它！告訴自己蟑螂沒什麼可怕的！你可以對著它吶喊：**#你這小不點，我一腳就能踩死你，我比你大上百倍，你有什麼好可怕的呢！我現在不怕蟑螂了，你就是一隻帶殼的蟲罷了，就長得醜一點。#**

當年我看電視劇《西遊記》—— 張衛健版 —— 的時候，有一番對話我覺得很有意思，它植入了我的腦海中：

怪獸問唐僧：你看到我，你不害怕嗎？

唐僧回答：恐懼是來自於我，並不是來自於你，既然我並不恐懼你，那你有什麼值得我去害怕的呢？

一切來自於你的心。

心態左右你的成敗

楚漢相爭是著名的中國歷史故事，劉邦和項羽的爭鬥故事真的百看不厭，當中可以學習的事情實在是太多了，各個人物的智慧、能力、人際、膽量、耐性，都非同小可。

筆者不知道大家有沒有這樣的一個疑問，一個被譽為市井流氓，一個被譽為西楚霸王，最後勝利者居然不是霸王！

說實在的，一個可以單臂舉鼎，有勇有謀，懂得打戰，可以帶著 28 位子弟兵衝出重圍，這樣的勇氣、魄力，誰人能及啊？

這樣的巨人卻沒有成為最終的勝利者，為何呢？

後來聽到了一位老師分析，兩位的能量級別不同，因此得到了彼此該有的結果。

高頻能量

層級	數值	說明
開悟	700-1000	合一、無我
平靜	600	完美、和平、安詳
喜悅	540	樂觀、慈悲、非常有耐性
愛	500	專注生活中美好、幸福
理智	400	智慧、創造者
寬恕	350	瞭解事物沒有對錯
主動	310	真誠、友善、敞開、成長
滿意	250	信任、活力、安全感
勇氣	200	把握機會、信心、肯定
驕傲	175	自我膨脹、抵制成長、狂妄
憤怒	150	憎恨、侵蝕心靈、抱怨
慾望	125	上癮、貪婪
恐懼	100	壓抑、焦慮、退縮、阻礙成長
悲傷	75	失落、依賴、悲觀
冷淡	50	絕望、自我放棄
內疚	30	懊惱、自責、自我否定
羞愧	20	接近死亡、自我封閉、嚴重影響到身心健康

低頻能量

劉邦長期停留在理智的層面，400 分，他是智慧的，他是創造者。

而項羽長期在憤怒、驕傲，175 分以下，最後到達內疚、羞愧，20 分，然而烏江自刎。

回顧歷史，劉邦在被追殺的時候，為了保命，把老婆孩子都丟下馬車不管了，你可以說他狠心，但是也有沒有可能是他智慧的一面呢？

因他明白只要他沒有被抓住，他的家屬都是安全的，頂多成為了人質，但是不至於喪命。

而如果他被抓到了，就真的全家性命難保了。這樣的抉擇，我相信不是每個人能做得出來。

之後項羽說要烹煮劉邦他爹，高祖回應了一句：咱兩都是兄弟，我爹也是你爹，若真的把爹殺了，記得分他一杯羹。

這是怎樣的人才說得出的話啊？禽獸不如嗎？還是高智慧呢？

因為了解項羽為人，要面子，正氣，不會做出小人之為，因此才能這樣賭一把放出這樣無恥的話，反而能保住老爹的命，這又是何等膽量和智慧啊！

鴻門宴，明明知道是九死一生的飯局，你會去嗎？

當中樊噲的安排佈局，張良的巧妙言辯，劉邦的卑躬屈膝，沒有一定的智慧和膽量的團隊絕對無法逃出生天。

反觀項羽，不聽范增的建議，把劉邦剷除，導致後來放虎歸山引致自己的滅亡。

當然，我們可以理解當初可能項羽沒有找到一個很好的理由來殺劉邦，而他也不喜歡做小人的事情，但同時也表現出他的驕傲自負，對劉邦這樣的市井流民不屑一顧。

所以啊，驕兵必敗不是沒有道理的，驕傲就是在 175 分，長期在 200 分以下。

因此我們可以看出，情緒和心態是會引致我們到達不同的終點站，得到不一樣的結果，最壞的情況是可以導致滅亡。

不知道有沒有聽過，人類是不會因為肚子餓而自殺的，但是卻會因為憂鬱而跳樓，這些人的能量值基本都在 100 分以下。

積極也是一種習慣

積極的心態我覺得是可以訓練出來的，要把積極養成習慣，而習慣是培養出來的，是通過多次重複而成。我們是通過多次的負面情緒而養成悲觀思維，那就讓我們重複多次的正面情緒來培養積極思維。

每當遇到不如意的事情時，察覺到不良信號開始萌生，不妨試一下提醒自己，銀幣有兩面，想看到圖案或是數字，就看你站在那一邊。

借用《與魔鬼對話》的內容：好比彈奏音樂，先要熟記音符，然後重複練習，慢慢的掌握旋律和節奏，美妙的音樂就產生了。

習慣就是一種節奏，節奏是習慣養成的最後階段。

我們有環境節奏，也有思維節奏。

“ # 放鬆、放鬆、再放鬆…… # ”

5

CHAPTER

這秒鐘

這秒鐘

改變自己，是每分每秒都能做到的。習慣性的思想，都是明天我要開始改變！

其實我們的思想，每一秒都在改變。這一秒我們在改變，這一秒我們在改變，這一秒我們都在改變。

因為生活的習慣，通常所謂的過去都是象征著昨天，現在是今天，將來是明天。而現在試一下把這個單位改為，上一秒是過去，這一秒是現在，下一秒是未來。我們無法知道將來是怎樣，這個將來不是明天或以後，而是下一秒鐘。試一下閉上眼睛，讓腦袋靜下來，你會知道下一秒你會想著什麼嗎？你的上一秒鐘能改變嗎 ？而這一秒鐘你又想著什麼呢？

過去我們無法改變，未來無法知道，唯一能把握的便是現在！

我很喜歡《與神對話》中的一段：PRESENT 是現在，PRE-SENT 是已經提前給你了。同時 PRESENT 也是禮物。現在就是已經提前給了你的禮物。

活在當下，說的是現在這一秒鐘。這一秒鐘

你是在吃飯的，就好好享受吃飯的過程，是在看書的，就好好沉醉在書海中；食不言寢不語，不過這已經很少人在做了。

有拍拖經驗的男性朋友們，都有可能經歷過女朋友上一秒鐘的開心，下一秒的憤怒，假如你哄她成功，下一秒鐘又開心了。

因此可能這秒鐘你是積極的，下一秒鐘你是悲觀的，這是正常的事情，你得認清楚並接受它。

人是不可能二十四小時，每分每秒都是高興的高頻狀態，就算真的讓你做到，你也會很累的。要走二十四公里的路，適當的休息也是需要的，所以沒不必要抗拒悲觀感的出現，你要做的是接受它，然後改變它，選擇用積極的態度再往前走。

想擁有健康？這秒鐘就開始擁抱它吧！
想擁有財富？這秒鐘就開始擁抱它吧！
想擁有對象？這秒鐘就開始擁抱他吧！

這一秒鐘，是重新的你！每一秒鐘都是新的你！

不好的你，上一秒鐘已經逝去了！現在的你，是一個積極、正面、充滿希望、充滿力量的自己！

放鬆自己，從新注入正面的能量，給自己洗腦是好的！

白狼與黑狼每一秒鐘都在爭鬥！

“

#這一秒，新的你！#

”

6

CHAPTER

控制思維

控制思維

前面幾章的內容，都把使用吸引力法則的基本功介紹了，而接下來就是要多加練習，這個步驟是不可缺少的！

現在再請您閉上眼睛，讓自己什麼不想，讓腦袋空白一分鐘。

好了，有沒有發覺就算你盡量要腦袋空白，卻有萬種思緒及畫面浮現出來？有沒有發現其實你是無法控制你的思維？

如果你能空白這一分鐘，那恭喜你，你快成大師了！

明明之前都在說改變自己，控制自己的思維，使用正面的能量，而為何現在又說無法控制思維呢？

其實不是說不能控制思維，而是希望大家能通過練習來控制思維。一個沒有通過練習的人，是很難控制思維的，亦所以很多人無法善用吸引力法則的原因。

現代市面上有很多瑜伽、打坐、冥想的課程，都是教導使人們在身心靈各方面得到健康，亦是現代人所追求的生理同心理狀況，因此這些行業在近年來得到飆升的發展。

不管是什麼方法或門派，主要都是透過冥想來達到放鬆的狀況，來給身體得到充電，重新注入能量。

得道高僧都能打坐很久，進入冥想狀態，亦即所謂坐禪。

禪：心字部，加一個單字，意思就是說心要單一，為之禪。

要進入禪的狀態，就是心要單一，或叫做守一，專注一點，沒有其他想法。其實進入禪不一定是要坐著什麼都不想才叫進入禪，不知道你們身邊有沒有遇過一些人，他們做事起來非常的專注，你跟他們說話他們是聽不到的，他們這種專注也是進入禪的一種，心裡單一，專注工作，外面發生著什麼事情都不知道。

所以思維是可以控制的，但是要通過練習，才能掌握。而練習當然不是一朝一夕就能有結果，很多人就是沒有練習，所以沒法發揮到吸引力法則的效用。

無奈的是，不良情緒是不需要刻意練習的，或已是被動練習，因為這情緒已被植入多年，被教育多年，有父母的影響，有被社會的影響，有自己的經歷影響。這已經是你的潛意識，根深蒂固在腦海里，因此很自然地就發生了。

可喜的是，良好情緒是可以練習得到的，你可以重新注入良好的思維在你的潛意識里，只要你的潛意識是以良好的思維在運作，良好的結果便會產生。

請把良好的思維植入潛意識，就像我們每天早上會自動刷牙一樣，夢醒時分自我進行。

還記得宇宙法則嗎？你是你思想的結果！範疇一定會贏！

你的範疇都是美好的，思維是正面的，都是良好的因，長出的必然是良好的果。

這個過程是很自然地發生，種瓜自然得瓜，

是不會得豆的。

思維影響行為，行為成為習慣，習慣導致結果（命運）！

亦即，**#思維＝結果！**

#思維→行為→習慣→結果

很多人都在行為上努力做出改變，也有些人會覺得行為可以改變思維，先不說這樣的做法對不對，因為世事好多時候很難去分對錯，只是角度的不同。不過我們可以用效果去衡量這個方法。

你們可以看到，箭頭是從思維指向行為，而

不是行為指向思維，所以如果是想從行為來改變思維，就是逆流而上，相對比較困難。有些人可能還會想爭論，是可以透過改變行為來改變思維；沒關係，那我們舉例看看那個方法好些。

先以每個人基本都會面對的一個情況來舉例，請問你是每天帶著愉快的心情去上班呢？還是千不情萬不願的心態去工作呢？

我相信大部分的人都是後者，當然也會有少部分的前者。

那為何會有人是開心的工作著呢？（注意：這裡是用了為何會有，而不是怎麼會有。）

首先，或者會說是因為那個人找到他喜歡的工作（興趣），這是無可否認的。再者，或許這個人擁有一個樂天的態度去面對生活，與其行尸走肉地上班，不如在工作裡找樂子。

可以觀察一下那些成功人士，有哪一個不是開開心心、精神奕奕地去工作的？

沒有人喜歡辛勞，但是那些成功人士從來都不覺得自己的工作是辛勞的，他們樂於工作，上班就是遊戲，那還能不高興嗎？

我們與他們的區別在哪呢？就是思想、心態。

以我自己而言，過往上班也是覺得痛苦，不想起床，不想到公司。後來發展到自己喜歡的職業，這樣思想改變了，感覺改變了，上班的衝勁來了，不再是度日如年了。後來回想現在與過往的不同，發現主要是思想和心態的轉變，然而對生活的態度也產生了變化。

我的思想改變了，喜歡上工作了，讓我能每天準時起床，因此也讓我有足夠的時間吃早餐，更讓我有衝勁在上班前去健身房鍛煉一下，這一切是我不敢想象能發生的，卻做到了！

一個思想的改變，帶給了我不一樣的人生。

再舉例，當一個人要得到美麗的體鍛，他本

身是很懶惰的，然後改變了懶惰的思維，變成了積極地生活，然而就會想著多做運動，多鍛煉自己，久而久之，他得到了一個美好的體鍛與健康。

或者這個人想得到健康，但懶惰的思維沒有改變，他想著靠行動來改變自己，因此每天逼著自己去做運動，去鍛煉，然後腦袋每天都在告訴他先多躺一會吧，明天再鍛煉，吃飽了才有力氣減肥 …… 請問各位，到最後這個人的結果會是怎樣呢？他或許還是每天都有鍛煉，但是很容易心累，然後久而久之就放棄了；也或許他真的每天都多躺一會兒，吃飽了才有力氣。

嘗試過努力減肥而又失敗的人，應該明白我在說什麼。

通過改變行為能改變思維和結果嗎？或許可以，選擇權在你手裡。

> “
> **#練習控制思維。**
> ”

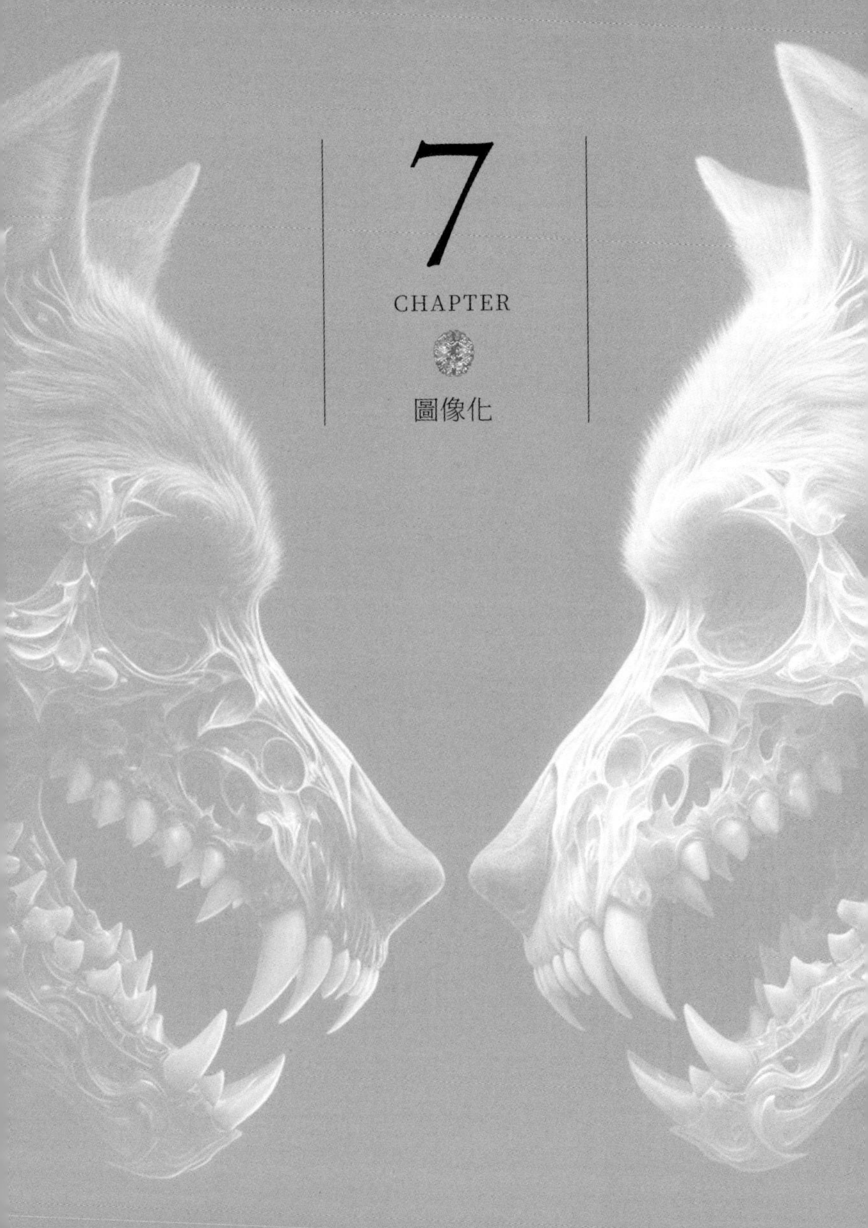

7

CHAPTER

圖像化

圖像化

我也深感明白，要感覺有錢，是一件不容易的事情，不過大家還是可以每天幻想一下自己很有錢的感覺，感受一下那種自信與自豪感，每天睡覺之前幻想一下，浸淫在思想的感受里。

想再強調一點，練習運用吸引力法則的時候，是用畫面來練習，假如只是告訴自己你要怎麼，其效果是不明顯的。

筆者因近日散光加深，晚上看事物特別不舒

服，後來記得《秘密》有提及到一位老人運用吸引力法則把老花眼治好了，從此不用再佩戴眼鏡，所以也想試一下。剛開始的時候，就不斷告訴自己眼睛是好的，是正常的，但是幾日下來還是沒有什麼改善，後來想一想，換了個方法，直接想像自己看東西很清晰，突然間眼睛有反應，冒出淚水，這是我平時練習放鬆眼睛大約半分鐘至一分鐘才有反應，但透過想像這個方法，不到兩秒就出淚水了。當時我還懷疑了一下，是不是碰巧而已，之後反復嘗試三四次，分別進行測試只告訴自己看東西清楚和想像看東西清晰，確實在做前者練習時是沒有效果的，而做後者練習時就馬上有反應，通過兩天的練習後，現在筆者的視力確實好了些，感覺散光減輕了。至於是減輕了多少度，沒有檢查，誰管呢，反正能看清楚就行。

後來再細心分析一下，右腦是管圖像的，而右腦又是潛意識腦，因此通過圖像畫面來改變潛意識，從而反映在身體上的變化，理論是合理的。再加上圖像是偏於感覺的（FEEL），告訴自己是偏於語言的（LANGUAGE），所以運用吸引力法則要用思維＋情感，正是在跟潛意識對話，秘密就在這裡。

把事情 **# 視覺化（圖像化）** # 是一個很重要的練習，這個方法也是從《西瓦心靈術》裏面的內容才得到更好的理解。在研究冥想和氣功的內容時，很多時候都會提到觀想，就是閉上眼後把注意力放在眉心，前額第三眼的位置（松果體），有一些說法只是叫你關注那一點，而有一些則描述會見到一個大屏幕，然後可以進行內觀，看見自己體內的情況。說真的，筆者是想追求內觀的，但至今仍未成功。只是有兩次很像真的看到了自己心臟在跳動的模糊影子，第一次可能一秒鐘不到，因為害怕所以出境了；第二次因為有心理准備所以持續了幾秒，但是當你想看清楚它而不只是觀看它的時候，就又出境了。明白這是因為當你想集中看清楚時，就代表沒有維持在放鬆的狀態了。

坦白說，一個很清楚的大屏幕本人是沒有看到，但是有一個範圍比較亮白確是有的。而在《西瓦心靈術》中卻也提到運用大屏幕的方法，可是它卻教你把屏幕放到眼前約六尺處，並不是在眉心或眼後。

後來筆者也嘗試了這個方法，奇妙的事情發生了，某天準備去坐公交的路上，突然眼前出現一個 6 字，本人就在想到底是跟什麼有關呢？難道是六合彩？但只有一個號碼，沒用啊。接著想，不會是 6 號公交吧？因為可以去上班的公交綫很多，有大約 5-6 條公交綫，那個公交站的隨便一輛公交車都能到達目的地，而且它們相隔時間也不會太久，所以每次只要有公交車靠站，都不用考慮是什麼號綫，上去就是了。而那天真的是 6 號車靠站。

回到公司後，突然又在想午飯吃什麼好呢？居然眼前浮現了一位同事在吃麵的情景，然後就問那位同事午飯打算吃什麼，答案可想而知！這真是神了！

心血來潮，當然想試一下是否能像書中所說，出現彩票的號碼，然後三個號碼浮現了。為了試驗一下，馬上購買了下期的彩票，結果是，這三個號碼真的中了，可是沒中獎，因為最基本的中獎要求是開獎的 7 個號碼中（其中一個算半個號碼）需要中 3 個正位號碼，而預示中的號碼只能算 2 個半，就差一點點。

在這裏不是鼓勵大家靠這個方法維生，而是希望各位可以多些瞭解吸引力法則以及運用方法，如何去控制你的思維。

“# 視覺化能讓你更好體會情感。”

8 CHAPTER 環境影響力

環境影響力

補充一點，除了控制思維，我們也要控制環境影響力，因為 **#思維→行為→習慣→結果**，那什麼影響思維呢？就是第二章提及的範疇，換句話說便是環境。有聽說過你的收入是等於你身邊最好的五位朋友的總收入平均嗎？因此為什麼「圈子」在有錢人中那麼重要，所以若想要怎樣的生活，便混在怎樣的圈子吧，利用好範疇來幫助自己改變思維。

有一個故事應該有些人已經聽過，就是李嘉

誠的司機準備退休離職的時候，李先生打算給他一筆獎金退休，可是司機卻說不用了，因為他已經有足夠的錢退休了，李先生好奇的問怎樣辦到的，司機回答說是因為平時聽到李先生討論哪家公司值得投資，因此他也跟著買進了，而現在有了不錯的回報。

還有一位來自筆者的朋友，根據分享，本來的她也只是一個很普通的女生，但是剛好認識了一些成功人士，而且他們很樂意分享一些賺錢技巧，因此現在的她已經脫離了貧窮的生活。

或許有些人會說自己沒有這樣的環境啊！老闆不是李嘉誠，身邊也沒有什麼成功人士。

確實這是一個很現實的狀況。

我們嘗試換另一個角度來解決這個問題。

筆者的一位朋友，生了一對雙胞胎，妻子是國內人，本來一家生活在國內的，但是不幸地發現弟弟腦袋長了一個腫瘤，並且存活率非常低，沒記錯的話患上這個病的機會率是大概十萬分之一，因此爸爸帶著弟弟留在香港接受治療，而哥哥和媽媽繼續生活在國內。

長話短說，時隔十年有三，上天保佑一切安好。

有時候我跟這好兄弟也會聊聊孩子的近況與

成長。

弟弟很厲害，國語、英語、粵語，基本都不是問題，在學校參加英語辯論比賽也拿獎，我們都覺得他的表現已經很不錯了。

一件讓我驚訝的事是，有一天看到爸爸給我轉發弟弟在學西班牙的錄影，剛開始還以為他在說英語，沒想到卻是在跟一個外國人在用西班牙語對話！

當然不可能是像土生土長的人那樣，但是在他有限的詞語中已經是讓我十分詫異。

爸爸對孩子的培養是讓我十分欣慰的，我們

也會回顧彼此的成長，沒有得到很好的資源，也沒有得到很好的教導。就本人而言，走了很多冤枉路，跌跌碰碰才有了今天的成就。總是會想，假如 20 年前讓我擁有現在的智慧是多麼好的事情（假如得到好的教導真的可以擁有）。

我對爸爸說，相對我們當年的年紀，弟弟已經是超越我們一大距離了。

我們都認同彼此沒有得到上一代正確的教導，唯有在我們這一代教育好下一代。因為我們都是過來人，都明白當年缺少了什麼，而且怎樣做會能把當初的自己培養得更好。

詳細的內容無法在此一一說明，在這裡想帶

出的是，製造一個良好的環境很重要，父母就是孩子的範疇，就是孩子的朋友圈，並且就算自己沒有資源，沒有背景，也能創造一個給自己！

或許有人會覺得想提供好的資源給孩子，前提也得花很多錢啊，哪來那麼多金錢？

別以為學這個西班牙課程需要很多錢，原來才 20 多元港幣一堂課，假如算 30 元半個小時，一個小時才 60 元，難道負擔不起嗎？如果這樣都說負擔不起，那就得好好檢討一下自己了。

如果懷疑怎麼可能找到這樣的課程，只能說有心人總能找到，本人確實也沒想到能有這麼便宜的教學，但是我的朋友把事實放在我眼前。

基於本人的父親對家庭從來都沒有付出過金錢，因此也明白總有沒錢的理由，若果真的如此，那就請身教吧！

孩子學習最多的對象不是別人，而是父母啊！沒錢就身教！

假如自己沒學問，沒知識，那就讓自己擁有！

不要自己沒成就卻要求孩子成龍成鳳！

前面說到，沒有良好的環境、資源，就給自己創造一個！最簡單的就是多學習、多看書！沒錢買書就去圖書館借！

不要為失敗找理由，要為成功找藉口！

每一本書的著作，都是作者經歷多年的經驗累積結晶，不管好與不好，都一定能從中學習到一些東西，哪怕是1%的用處，數量增加了，你腦袋的智慧也會隨著提升！

看書是最便宜的投資，並且是帶著莫大的回報！

看一本書等於槓桿了別人十年的經驗！

書本的內容，便是作者腦袋的反映，他是如何思考的，他是經歷了什麼才能寫出這樣的知識，作者的腦袋便是一個範疇。

當你缺乏資源，身邊沒有良好的人脈關係時，書本便是你最好的資源來源，它就是你的老師、你的父母；每一位作者都能成為建立屬於你自己範疇的肥料。

不懂投資就多看相關的書籍，跟相關的成功人士學習。本人也不認識巴菲特先生，但是我會看相關書籍以及跟用他相同理論投資的人學習。

本人也不認識神醫華佗，但是我會閱讀《黃帝內經》以及跟真的懂中醫的醫師學習。

每一本著作都是我的導師，其實看書與認識人沒什麼區別，與不同的人交往多了，便知道誰是好人誰是壞人，哪些合得來，哪些合不來；書本看多了便知道哪些合適自己，哪些不合適自己。

人看多了會越來越準，書看多了會越來越智慧。

因此請各位努力地創造良好的環境吧！也把自己成為那個智慧資源！

《量子習慣》這本書或許能給到你一些啟發。

"#環境影響思維。"

9
CHAPTER

思維的形成

思維的形成

前面重複強調了思維的重要性，那到底思維是怎樣形成的呢？

為什麼你會有悲觀的思維？為什麼你看到這個陌生人就覺得他不懷好意？為什麼你晚回家你媽就說你又去玩了但明明你是去了圖書館複習？

你的思維是基於你的經驗！

你的人生經驗製造了你的思維模式。一個眼

睛細小，滿臉鬍鬚，面上有疤痕，一手拿煙，一手啤酒的人，你一看到就覺得他不是好人，那是因為有可能你被這類型的人欺負過，也有可能是通過電視劇得知演壞人都是這個模樣。但是有沒有可能他是一個疼愛老婆，只是最近卻面臨失業，生活失意，在發愁煩惱的一個男人呢？

你晚回家，你媽就說你去玩，但你卻是去複習了，因而感受委屈。那是因為你媽媽的經驗是你每次晚回都是去玩了，這就形成了她的思維模式。

同樣地，人生不如之事十有八九，失敗的經驗多了，身邊的人告訴你不可能的事情多了，日積月累，你的悲觀思維就產生了。

或許我們因為長期的錯誤決定而否定了自己，也可能是自小得到都是父母的否定，但請各位嘗試學習相信自己，互勉！

當你的思維模式形成了，之後便是不斷想去認證它是對的，假如事情不如你的思維模式出現，便會開始抗拒、否認。

甲：一看就知道他是個借錢不還的人（認證自己的思維是對的）

乙：不是啦，他應該只是周轉不來。

乙：你看！不是還錢了嗎？（一周後丙還錢了）

甲：真幸運啊你！我看他下次還是會跟你借

錢，借更多，之後就不還了。（抗拒、否認）

一個人的思維模式形成了，有時候就算事實擺在面前，只要跟思維模式不符，就不會相信，不會接受。

這裡不是在否認大家的人生經驗，不是表示經驗不重要，而是希望大家可以獨立去看每件事情。人生經驗是必須的，重要的，它可以幫助你在類似的情況下迅速地做一個決定，也可以保護你免受危險，但希望各位是利用它來幫助你，而並不是被它左右你的思想。

當你還是嬰兒，你的經驗為零，長大為小孩後，想索取某些東西，例如玩具、食物，可是父母不給，然後你的思維植入了「原來我要的東西是不能有的」，這就成為了你的經驗。再之後，長大為兒童、青年、成年人等階段，得不到的東西太多了，因而思維模式便成為「我無法得到我想要的東西」。

另一種情況是，父母過於溺愛孩子，什麼東西都滿足他，使他的思維模式植入了「我要什麼就得有什麼」，所以當他長大，在社會上跟別人接觸的時候，發覺並不是要什麼有什麼，就開始發脾氣、不高興、罵人。即導致所謂的「公主病」、「少爺脾氣」。

這裡可以看到，擁有不一樣的經驗，便會植入了不一樣的思維，而得出不一樣的結果。

假如我說，一隻動物，擁有圓眼睛，它是駝背的，有四條腿，有尾巴，你想到的會是什麼？

是駱駝？還是烏龜？

是什麼不重要，這裡想表達的是，你的經驗告訴了你不一樣的答案。

你是怎樣的人，世界便是怎樣的人；想著愛便有愛，想著爭鬥，便有爭鬥。

不知道各位身邊有沒有認識一些人是不管你說什麼，他都不會相信，或者都覺得別人說的話都是吹牛。如果有的話，我可以肯定告訴你，他必定也是這樣的一個人。

因為他本身就是愛吹牛，信口開河，謊話連篇，所以在他的世界裡每個人都是這樣。他是信口開河的人，自然就會覺得別人也會同樣的沒信用，壓根裡他都不相信自己，又怎會相信別人呢？

面對一個戇直的人，你可能會取笑他天真，容易相信別人，被騙是活該的；這是因為他本身就是那麼純真，那麼的誠實啊！他都不會騙人，怎麼會想到別人會騙他呢？

所以啊，你的世界是怎樣的，你也就是怎樣的，世界就是你的鏡子。

天下無賊

不知道各位有沒有看過《天下無賊》這電影，它是說一個來自農村的一個小伙子，天真無邪，覺得外面的世界都是好人，不會有人欺騙他。而他要出去大城市闖闖，身上帶著村民給他的一萬塊錢，路上很多人都告訴他要小心一點，城市里很多盜賊，但是他一直都不相信這世界有盜賊。在路上他遇上了兩大賊王高手，而其中一個賊王為了保護這小伙子的天真無邪，不想讓他知道這個世界是多麼的黑暗，還賠上了性命去抵抗另一賊王對小伙子的盜竊行為。

最後，小伙子的天真無邪得以保存，他的心甚至感動到了他人，為了他的純真別人還賠上了性命。可想而知，他的內心能量有多大有多純潔。

小伙子的內心是純潔的，他的世界就是純潔的，天下無賊便是他的世界。

那請問，閣下的世界又是怎樣的呢？

成功是成功之父

你對別人批判，他人就會對你批判；你對別人憤怒，他人就會對你憤怒；你對別人友善，他人就會對你友善；你對別人微笑，他人就會對你微笑；

想把思維變為積極正面，就把積極正面的經

驗輸入，錢幣有兩面，事情同樣地發生了，但是觀看的角度可以有不同。

失戀了，你可以輸入消極的思維：傷心、沒希望、沒人要、迷惘等等。或是你可以輸入積極的思維：是他失去了我、舊的不去新的不來、下個更好、我能擁有更好的等等。

這裡不是叫你隨便分手找下一個，大家還是要珍惜身邊人的，只是緣分盡了，就得接受，好好地生活下去。

這裡想提出一個重點，不是你擁有了積極的思維，就代表沒有糟糕的事情發生，而是當你**#遇到糟糕的事情時，你該用什麼心態去面**

對。

該難過的難過，該哭的哭，接受它，容納它，然後輸入積極的思維面對它。

日子久了，當你每次面對逆境都能運用積極思維，亦即表示你的經驗都是積極的，你的思維便會轉換成積極的範疇，經驗形成思維，思維產生結果。

如果說失敗乃成功之母，那成功便是成功之父。

失敗多了，或許會讓你畏縮，不敢再嘗試，因此失敗後需要做的是總結，吸取經驗，然後下次避免失敗而達到成功，而不是不斷地失敗，這句話只是讓你明白失敗是在成功之路上避免不了的事情，作出鼓勵。當你把事情當作一場戰爭，失敗多了，是會滅亡的。

反過來說，更多的成功，才能得到好的結果。要勝利，是需要多次的成功。當你生活在成功的範疇，擁有成功的思維，不斷纍積成功的經驗，才能在勝利中輪回。

“ #思維基於你的經驗！ ”

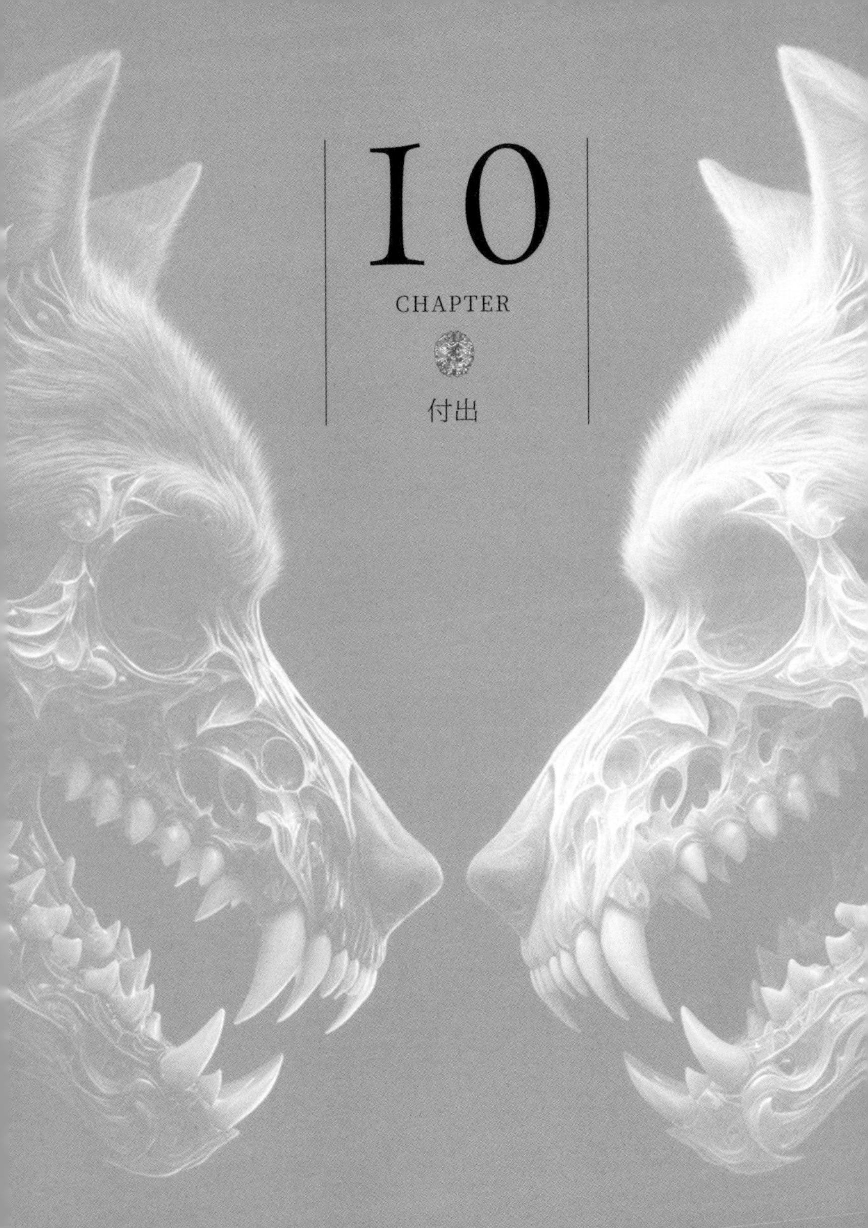

10

CHAPTER

付出

付出

懂得了如何擁有積極思維，懂得如何相信，還需要懂得付出。

埋下了種子，也需要你的繞水和施肥；想要賺錢也得付出努力，投資也得拿出本錢；金錢放在你家門口，也需要你開門彎腰拿取；

在你等待結果的同時，也請你付出該有的行動。追求女神也需要你過去搭訕啊！JUST DO IT ！

想得到愛，首先你得付出愛；想得到錢，你得先付出錢；想得到和平，你得先付出和平。

一個人是不可能付出沒有的東西，你不能把水分給別人假如你杯子沒有水。而宇宙是不懂得分真假的（前面的檸檬例子），當你付出的時候，就證明你有了。

所以那些想得到愛的朋友們啊，請你們先付出愛！想得到錢的，請先付出錢！

你必須先喜歡別人，別人才有可能喜歡你；有沒有可能你想得到一個對象，但是你要等別人先喜歡你，你才喜歡他？肯定是你先付出喜歡，表示你對他的喜愛，對方收到信號後才會喜歡你吧。

有一個故事也很有趣：一個拿著木柴的人對著滅了的火爐說，等你給我足夠的溫暖，我才給你加柴火。

大家明白這道理嗎？付出才有收穫。愛人是幸福的，被愛是痛苦的。

金錢也是一樣，把錢捐出去是錢布施，捐出去了的錢，宇宙會以倍數轉回給你。錢為水，水是需要流動的，不動的水便是死水，因此才有 **#現金流（CASH FLOW）** 一詞，錢不流動就失去了它的意義，它就只是一張紙而已，好好讓金錢流動吧。

還有就是你要喜歡錢，深信很多人很難做到這一點。雖然每個人都會說：我喜歡錢啊！我愛錢啊！誰不喜歡錢啊！

確實是有人不喜歡錢，試問有沒有人有這樣的想法：覺得錢很髒？覺得有錢人都是壞人？有錢人都是混蛋？有錢人都是欺負別人的人？有錢後老公會不會包二奶？有錢了家人會不會爭家產？仇富的心態？講錢的人不講感情？錢是萬惡之源？有錢後會被綁架？

實在有太多不喜歡錢的人了 ……

他們一方面嘴裡說著愛錢，可是心裡卻有以上的思想，那請問這樣能吸引到錢嗎？你的思維，你的範疇，是愛錢的範疇嗎？

同樣那些找不到對象的人，他們心裡是否也在想著：他真的喜歡我嗎？他會不會不要我？我們分手了怎麼辦？他會不會像以前那個一樣？他會不會只是喜歡我的錢？他會不會只是玩玩？我會不會選擇錯誤？

面對這樣的人，我只想問一句：你真的喜歡他嗎？

喜歡就嘗試去追啊！想那麼多幹嘛！想知道答案，做了就知道啊！

說實話，有這樣想法的人，是沒有真的喜歡

那個對象，他只是在衡量，在看條件，他是不可能付出的。因此 N 年以後，他還是沒有對象。

有失必有得

在這裡想分享多一個概念：**# GIVE IS TO TAKE #**

付出就是收穫，以佛語來說，就是「捨得」，**#小捨小得，大捨大得，不捨不得，先捨才有得。**

宇宙也有一條補償法則：有失必有得

需要愛的人是恐怖的，他們的行為通常為：

捆綁、恐嚇、自殺、自殘、不信任、不斷索求、難以滿足……

這樣的人對愛的索求是沒完沒了的，因此導致最後雙方都辛苦，無法走下去。

有沒有看到，其實導致分手最終的原因還是來自於自己，因為沒有付出愛，所以沒有愛，然後需要愛，不斷索取愛，導致關係破裂。源頭都在哪裡？你是一切的本源。

可是在這些人眼裡，從來不曾發覺，他們只會把問題的根源都怪責在他人的身上。

正面的愛，是來自於付出的，而這付出的愛，從不問回報。這愛是偉大的，真的不容易做到，某程度上來說，除了父母對孩子的愛（雖然也不一定，也有父母會跟孩子說回報），很難遇上一個這麼偉大的愛。然而很多人卻在索求這樣的愛，尤其是希望在伴侶上得到。

除了在父母上能得到這種偉大的愛，在其他人身上，真的不能得到嗎？尤其是在伴侶身上。

我覺得是可以的。

根據「捨得」的理論，請問在你從伴侶身上得到大愛之前，你有沒有付出你的大愛呢？我相信當你感受到父母的大愛時，你也會義無反顧地愛他們對嗎？同樣地，你成為父母的時候，你對

孩子的大愛也是表露無遺吧。那請問你有沒有把這份愛分給予你的伴侶呢？想得到伴侶的大愛，不妨試下先付出~

從來不會有人生出孩子後才開始「造人」，都是造人後才能得到孩子；也應該不能先確定了是否生男孩才造人，否則就不造人；頂多是發現不是男孩就不要罷了，不過這是可恥的行為。

再分享多一個故事：有一位富翁在打車回家的路途上，不幸遇上交通意外，司機與他當場身亡。他們來到神的面前，神問他們有什麼遺言，司機馬上抱怨說：為何你這麼不公平？我就窮一輩子，他就有錢一輩子？

神回答說：那你覺得怎樣才公平？

司機：我要重新洗牌，我要重新選擇！

神：好的。那現在重新洗牌，給你重新選擇，你想下輩子過著索取的生活？還是付出的生活？

司機：肯定是索取啊！誰要付出啊！難道這輩子還付出不夠嗎？

神：好的。就依你的要求。富翁先生，那你只能選擇付出了，有異議嗎？

富翁：沒有。

下輩子，富翁和司機在街上又遇上了，只是富翁還是富翁，司機卻成為了乞丐。

請問現在的你，會選擇想付出？還是索取呢？

做隻貓做隻狗

有養寵物的朋友，可能聽過一句話是：寵物是你生活的一部分，而你是牠的全部。

寵物有很多種，貓、狗、鳥、龜……等等。以最多人養和喜歡的寵物來舉例，狗狗對主人的投入是最多的。每天當主人從外面回家的時候，親愛的狗狗便會來到門口迎接主人，給你最熱烈的擁抱，最有愛心的口水；同樣地主人也會以最有愛心的擁抱回應。

一個很奇怪的現象，人與人之間的相處，和人與寵物之間的相處，很不一樣。而我想提出的是，人與人之間的相處都不如人與寵物的相處。或許有人在教導狗狗時，假如牠沒有接受命令或調皮，會打牠一下，示意要聽話，而不管你怎麼對待牠，也還是會留在你的身邊。當遛狗的時候，牠亂跑沒有跟著，主人是會很溫柔，苦口婆心地說：乖乖，別跑 …… 然後把牠拉回來。

假如是發生在人與人之間的相處，那就可慘了 …… 比如說情侶之間，其中一個若是被打，先不要說打那麼嚴重，或許就罵而已，都已經不知道跑到哪裡去了。或是另一方不聽自己的，也就破口大罵，或者爭論，根本沒有好好交流。

這不是很奇妙嗎？難道真的做隻貓做隻狗不做情人？

大家有沒有想過，可能是因為狗狗對主人付出的大愛，吸引了主人對自己的愛護呢？有沒有一些情況，一個主人養了好幾隻狗狗，而他最疼愛的那隻，就是對他最熱情的那隻呢？而你有沒有注意自己最喜歡的那隻寵物，就是因為牠對你發出很喜愛的信號呢？牠對你付出的愛越多，因此你也對牠付出越多的愛呢？

@ 不分真假

#「需要」是吸引力法則的誤用，「渴望」才能與吸引力法則相契合。#

需要：是你沒有的（Need is something you don't have）

渴望：是你想要的（Desire is something you want）

所以吸引力法則，是在你擁有的情況下給予，而不是沒有的情況下索取更多。宇宙不懂得分真假，因此你擁有（積極），便給你擁有；你沒有（消極），便給你沒有；你的思想每秒鐘都在發出信號給宇宙。

一名日本知名理財專家的著作《為什麼有錢人都用長皮夾》中分享了他從觀察到有錢人用錢包的習慣後，自己也開始更改使用長皮夾的習慣，也提及了為何要用貴一點的錢包，而達至收入的提升。

不管真假，本人覺得當中也包含了吸引力法則的運用，也有先付出後得到的原理，可能就是因為自己用了價格高一點的錢包，所以潛意識會讓自己配得上使用這錢包，或者是因為讓你擁有了成為有錢人的感覺。

這舉動暗地裡帶給了大腦一個積極的信號。

最後關於付出，想說這個地球正在無條件地為我們付出，從不曾問我們索取任何回報，而我們為了它付出過什麼呢？

活著像太陽，盡可能地照耀他人，如照耀花

草樹木。

> # 宇宙法則 NO.3 !捨得!

II

CHAPTER

感恩

@感恩

感恩是一個很強大的力量，當你懂得感恩的時候，一切都如此美好。

當別人對你好，為你付出，我們都應該要懂得感恩。我相信大家都有感謝過別人，比如別人給你遞東西的時候，你也會說一聲謝謝！不過我想強調這一點，我希望大家除了嘴巴上的謝謝，心裡面也要感覺到謝謝，這樣才算是真的懂得感恩。

感恩，是應該要帶有情感才叫感恩的。假如沒有感情的謝謝，就不算是真正的感恩了。比如別人向你很隨意的說一句謝謝，和那個人很衷心感激地說一句謝謝，你是能夠感受到的。

以前我不明白為什麼有些基督徒在禱告或唱歌的時候會哭出來，看著很誇張很假，現在我有點明白了。

我嘗試過在一個催眠活動中，對著至親說一句謝謝的時候，眼淚確實控制不住嘩啦啦流下來了。

我很感恩那些老師，我很感謝我能上到那些課程，是那些課程給了我啟發，才有這本書的誕生。

之前提及到希望大家可以多做善事，多捐款等等，有人或許想知道，到底捐多少才合適呢？有些規範說應該是你收入的十分之一，而我在這裡建議大家，捐出一個讓自己感動的數字。

明白到有些人可能經濟的考慮不方便捐款很多，但是太少又不好意思，最後猶豫之間可能便錯過了一次可以做善事的機會。而捐款太多，我也覺得不是好事，可能會有一種用錢砸人的感覺，或者無形中，有一種虛的感覺，假如有這樣的感覺，就是多了。因此我會建議用一個感動到自己的數目，這樣又不怕太少，又不怕太虛。

人無完人，身邊的人一定有不足的地方，包括自己，因此請放大對方的優點，縮小對方的缺點，感謝對方為你做過的一切。

感恩能使你快樂，若能快樂像個孩子，那是一種福氣；若能生活得糊塗一點，是一個境界，難得糊塗。

在這裏分享一個感恩練習，這是在一個課程後學習到的一個方法，當時主辦人開了一個群組，舉辦了一個 28 天的感恩挑戰，每天在群裏發最少當天三件感恩的事情（也可以自己記錄不發），並且要 # 寫出原因，這點很重要。因為筆者發現有寫原因和沒寫原因的感覺差別很大。剛開始可能你會覺得很難，連三件感恩的事情都寫不出來，但是請努力嘗試，因為在第三天，作者開始寫了五件，後來平均每天五、六件事情，最多的可以有十多件。據說愛恩斯坦每天都能感恩 100 件事情。

假如真的想不到有什麼去感恩，那就從太陽、空氣、身體等方面去開始吧！例如：感謝太陽的存在，因為它讓我感覺到溫暖，給了我光明，也給了世界生命。

也告訴過大家筆者是糖尿病患者 1 型，雖然這病真的讓我很煩惱，但是每當遇上一些殘疾人士，本人就會很感恩現在的我還是四肢健全的，還是能看能聽的，那就應該好好利用剩下的時間，創造更大的價值，讓心態積極過來。

感恩自己的身體吧！感恩生活在沒有戰爭的地方吧！感恩還能吃穿吧！感謝！感謝！感謝！

嘗試先感恩你要得到的東西、

記得，感恩後要說三聲感謝！

“

#感謝！感謝！感謝！

”

12

CHAPTER

預知未來

預知未來

有沒有想過為什麼占卜會準確？或是不準確？

本人對占卜也有些研究，梅花易數、易經、占星、塔羅等都略懂一些，這裏先說明一下，各種占卜都有其用途，一些偏於宿命論，一些是在告訴你近況，但事情是可以改變的，卻沒有任何一個方法是可以解決你全部的疑問。

我覺得這兩種概念是同時存在的，用

六十四卦舉例，大環境是六十四種，裡面總共有三百八十四爻，那就有三百八十四種不同的方法或情況，而每一個卦採取哪一個爻做出的決定，都會得到不同的結果，只是這個結果離不開六十四卦。

占卜其實是透過宇宙的信息，放映到你所占卜的工具面前。我不是說過你的思維是每秒鐘都在釋放信號到宇宙嗎？每秒鐘都在與宇宙溝通嗎？

科學一點說，人是擁有磁場的，我們是一個能量存活體，人的體內有正離子與負離子，世界也是充滿了正離子與負離子，因此人與自然界是一體的，人便是一個小宇宙。有正負極，便有磁場，而每個人都有屬於自己的磁場，因為磁場的存在，所以才有使人與人之間產生喜歡和不喜歡的感覺。兩個人磁場對了，便會喜歡對方而成為朋友；磁場不對，則生人勿近，自然會保持距離。

都是吸引來的

人與其他生物或者物品也是一樣，頻率對頭了，就會吸引對方，因此你所養的寵物，你所買的物品，都是因為你們的頻率互相吸引了才會搭配起來。換句話說，你會養這隻寵物，不是無緣無故的，選擇那麼多，為什麼偏偏你會選擇它？

占卜就是透過你自身發出的頻率信號放射到宇宙，而宇宙又回饋到你的面前。簡單一點說，占卜準是因為它是你心想的東西，這是個無形的循環，比如說你問感情的事情，通常都是猶豫不決的時候才會占卜，然後假如結果出來是不好的，可能會分手，之後你就會擔心，不停地想著，最後宇宙收到你強烈的信號，讓你夢想成真。

有沒有看到，它是透過你的不良信號，發放到宇宙，然後宇宙反映到占卜，結果又讓你的不好信號加強發放到宇宙。準！

反過來，你太深愛這個人了，你不接受這結果，心裡就想著必須要好好跟他走下去，千辛萬苦，排除萬難，最終你們沒有分開。不準！

有可能因為您強烈的信念，或準確點來說，

因為你的行動，改變了最終的結果。（占卜是讓你催吉避兇）

這一切，又會否是一次吸引力法則的代表作？

根據以上的分析，有沒有覺得吸引力法則原來都科學性？它可能就是一個磁場效應？因此《秘密》中提及到你自身是一個磁鐵，並不是沒有道理的。

當然，這只是其中一個因素，不能否認每個人都有屬於自己的一個人生軌跡，某些事情要發生，最終還是會發生，但是你能改變它所帶來的影響程度。

比如，天氣報告說了明天會下大雨，這是它的軌跡，而你想躲避卻無法阻止它的發生，因此你可以做出選擇，①帶雨傘②穿雨衣③不出門④享受淋雨的感覺，簡單分析也有四種不同的對應方法和結果，但是天要下雨你是阻止不了的。當然，最終也有不下雨的可能，那帶不帶雨傘，便是你的選擇。因此本人相信命由天定，也相信事在人為。

好了，在這裡占卜只是用來舉個例子，想讓大家明白思維是如何影響結果。占卜術是另一個範疇，不在這裡詳細討論。

吸引力法則還有一點要注意的就是，它不能強加於別人，假如能使用在他人身上，亦即他人也能使用在你的身上，這樣就麻煩了。

比如一個人很喜歡你，很想跟你在一起，而你並不喜歡他，假如對方用吸引力法則在你身上，你就身不由己了。

一套經典的卡通《阿拉丁神燈》，裡面精靈所提及到使用願望的條件及方法，其實與吸引力法則無異，尤其「不能使別人喜歡你」，這根本就是同一樣的法則。

必經之路

逆境是邁進理想的必經之路，在《與魔鬼對話》中，拿破崙希爾提及到在得到成功之前會經歷一次大困難，「高我」會在那個時候出現，我相信這話不假。還記得我迷失時祈禱的晚上嗎？那是我第一次聽到了高我的聲音。而我暫時總共聽到過兩次高我的聲音，第二次便是在去考執業證的路上，當時我已經不抱任何希望了，已經是第四年的重考，感覺不管如何努力還不如運氣的到來，那天在過馬路的時候，突然聽到高我對我說考題題目，我馬上上網查資料重溫一下忘記的內容，出奇地其中一條題目真的是那個病案。這個分享不是說不用努力哦，假如沒有前面的複習準備，是不可能在那麼短的時間知道自己那裡不足，因此付出還是需要的。只是想說，應驗了書中所講，在面臨成功之前，必會遇上困境。因此在逆境面前，絕不能放棄！

最後，所有負面的渴望都只是受挫折的正面渴望，不用強迫自己完美，人一定會有負面的想法，只要通過練習，把正能量輸入多於負能量便可，就有如財富一樣，收入多於支出，你總會富起來！

“ **#祝君！理想成真！** ”

後記

後記

禁室培育

可別想歪，禁室培育是指禁錮在你頭顱裏的腦袋。

#全世界最值得投資的資產：你的腦袋，即是你的本人。

#「別人能從你身上偷取你任何東西，除了你的知識。」這是我姥姥在我很小的時候

對我說過的一句話。以前領略不到它的真諦，現在深深地體會得到。

我可是到了 19 歲才開始閱讀課外書，那個時候也是因為進了一家傳銷公司才開始接觸銷售、投資等概念，因為當初烈火雄心，對成功的慾望很高，所以非常地用功學習、工作。那一年開始我看了不少書，也是那個時候我接觸了《思考致富》和《富爸爸窮爸爸》這兩本書，我是沒想到一個不愛讀書的我竟然喜歡上看書，也是這個時候才開始明白，**#讀書和學習是兩回事。**

後來想看的書越來越多，感覺不夠時間閱讀，不眠不休也沒法把想看的書看完，然而有一次在逛書店中看到一些關於速讀的書籍，從而我便對速讀開始了研究。

讀得快但是也要記得住，所以之後我又開始研究速記。久而久之我便開始對大腦的研究產生了興趣。關於速讀和速記的書籍也看了不少，也去聽過一些免費課程簡介，雖然最後沒有報讀，但是學了一些概念然後自己研究，沒辦法，家庭不富裕，所以能省則省，這些課程都幾千到一萬多不等，因此學習都是透過去圖書館借書來看的。

我沒有做得很成功，沒法十多分鐘看完一本書，也沒法過目不忘。那些成為「攝影機眼睛」的技巧也是沒有練成，不過我的閱讀速讀確實是提高了不少。

假如有一個好的環境，基本 1 到 2 個小時內可以看完一本書，最高紀錄 4 個小時看了 4 本書，當然這也是跟熟悉度有關。

速記是需要練習的，可是我沒有這個耐性，不然效果應該不錯，基本練習時期為 3 個月，但是我只是練習了 1 個月，這是我的性格問題，當我領悟到要點之後，又想去做其他的。在 1 個月的練習後，我能記住一副撲克牌，就是洗亂了之後能背出它的順序，假如能再堅持多 2 個月，估計在生活中應該可以應用得駕輕就熟。

雖然沒有成為專家，但是這些技能確實幫助了我不少，需要用到的時候還是能減輕了我不少的負擔以及時間，起碼現在我想看的書都看完了。

香港寸金尺土，想在家裡有一個私人書房不容易，但是我建議想好好看書的話還是去尋找一個適當的環境，一個好的環境下看書學習，效果是差很遠的。圖書館是一個不錯的地方，整個氛圍都是看書的人，這些能量聚在一起，也會提升你的學習速讀與成果。其他的例如咖啡店和沙灘，也是不錯的選擇。

培育腦袋應該是每個人終生的職業，把它培養得越好，你的生活就越好，假如你的生活還沒有因此而變好，只能說你的培育還不夠。要培養好它，當然也要先了解它，要知道它是怎樣運作，怎樣才能發揮得好，這是事半功倍的捷徑。很多關於大腦的書籍日本那邊都寫得不錯，這裡又推薦一本《腦內革命》給大家參考。

我現在所做的也是把我多方面的知識混合，然後呈獻給大家，希望可以幫助到各位在生活上的改善以及個人的成長，這本書所介紹的方法我可是在運用的。

多學各方面的知識，或許你會覺得對你沒有什麼用處，可是你永遠不知道哪一天它的作用就發揮出來了。有些知識在我腦裏醞釀了多年後才發揮了它的作用，就像理財知識，假如沒有當初的接觸，也不會有今天理解。

把學習知識當作娛樂，那你的一生中便不會有過於無聊的生活感覺。因為隨時隨地你都能發覺有新鮮事物可以學習。無論看書、看電影、聽歌、衣著搭配等等，任何生活中的東西都是可以學習的事物。就以聽歌來說，你可以學習打拍子，聽聽作詞人的歌詞是怎麼寫的，什麼是好的歌詞，什麼是好的韻律，這都是可以學習的。然後自己再嘗試創作一首歌曲，這可是一件非常有成就感的事情呢。

任何一個成功的事業者，他的知識面都是非常廣的，就像李嘉誠先生的業務，遍及多方面，雖然他不可能每一個方面都是專業，但是他必定各方面都了解，否則就不可能管理得到其生意。

作詞人假如沒有一定的知識面和體驗，也不能夠寫出一首美妙的作品。比如小時候我們都需要寫作文，當初只是需要寫 200 多字都覺得困難，但是現在隨隨便便我都能幾千到一萬字，這是因為經驗豐富了我。要寫出一篇好的文章，就需要加強寫作的知識，很明顯我不是能寫出好文章的人才，可是知識面的增值還是讓我能夠完成了這本書籍。

因此，增廣你的知識面，加強腦袋的訓練，培養出一個智慧的你。

寫書真的不容易

這本書初稿在 2021 年完成，但當時感覺還有很多內容可以寫卻又想不出可以增添什麼。2023 年更新了一次，增添了一些內容還是覺得不足，然後又一次丟下；現在是 2025 年，又是兩年後的事情，在這幾年中經歷了很多，學習了很多，也失去了很多。

每次當我再次增添內容的時候，重讀自己所寫的內容與想法，感覺就是在看另一個人寫的書，再一次從中學習到新的東西，有更深一層的體會。

不管有多少次的增添，感覺這本書還是美中不足，還有很多的信息想跟大家分享，可是這樣或許又是多年後的事情了。

最近想再繼續完成本製作，是希望可以把我所懂的儘早分享給大家，期望能讓讀者儘快有一些新啓發，能過上一個愉快的生活。

期盼

一開始寫這書的想法是，想分享我對吸引力法則的理解，其他的書或許都是在告訴大家如何成功，但我知道很多人最後還是沒能成功，因此本人想換個角度，去告訴讀者為何不成功。

但經歷了這兩年的歲月後，我的想法有些改變，在想，我能為這個社會做點什麼？我可以怎樣幫助更多的人？

皆因筆者是一名醫者，在臨床上遇見很多病人其實心理因素影響個體疾病多於生理因素，有嚴重的，有不嚴重的，但沒想到比重是這麼的高。

曾在一家慈善機構中服務了一段時間，客戶主要都是來自於基層家庭，老人家居多，但不管男女老幼，心靈上、情緒上，不多不少都有些問題，或許是經濟問題，或者是獨居老人，感覺到他們都是沒自信、自我放棄、憂慮、擔心、想找人傾訴卻沒人聽的情況。

同時間我在一家私人診所駐診，客戶類型真的不一樣，雖然也有些是心理因素導致疾病的，但是比例確實比較少些。

當我從醫開始，一直在想一個問題，我可以如何幫助到那些基層人士呢？說做義診嘛，我也得解決三餐溫飽。不過錢還是小問題，有時候發現不懂得感謝或珍惜你的幫助才最氣人。我的意思不是想他們如何多謝我或感謝我，是有些人你會感覺到他貪，是這個貪讓我很不舒服。

所以啊，難聽的說，窮人真的有窮人的原因。我知道有人會說，有錢是可恥的；但是現在本人很認同「富爸爸」說貧窮才是可恥的。雖然窮與富都有貪婪和不貪婪的人，但是窮的貪婪是可怕的。（參考「因果」篇 page31）

就好比有句話說：有錢的國家和沒錢的國家打仗，最後是沒錢的國家會贏。

貧富的問題先不討論了，我想表達的是，有什麼方法以我能力所及之內可以幫助到更多的人呢，因此我嘗試了寫書。

一本書代表了我，代表了一個課程，代表了一個可以永遠在你身邊的導師，盡我所能，我希望我能寫出一本可以給到啓發、指引、開導的書，讓它一直陪伴在你的身邊。

一本可以讓你重看不止一遍的書。

我知道不可能每個人都會看這本書，尤其是特別需要幫助的人，因為他們從來不幫自己，因此才得不到幫助（還是付出問題）。

而我期望，看到這本書的你，假如覺得內容可取，請分享書中的信息給身邊需要幫助的人，這樣我就可以不止以一人之力去幫助這個社群了。

人一生中不應該只是追求金錢的成功，健康也是財富，人際關係也是財富。沒有健康，什麼都沒了。所以，請放健康第一！

金錢後面的是事，事情後面的是人，所以也請把人際關係的財富做好。

有身體，有健康，有人際，錢就自然會來，

如果眼裏只有金錢，或許會成為一個無良商人，只想把客戶口袋的錢放進自己的口袋裏，任何欺騙手法或無奇不有的方法都使出，最後也有可能因此而受到懲罰。若把客戶為先，以客戶利益著想，或許金錢就自然來了。

體驗

分享一下我對這本書的法則的一些體驗。

關於因果關係，應該不需要我多說，相信很多人都能體驗到，因為它每分每刻都在發生，回想一下人生就能體會到。

我就簡單分享一下我的體驗：本人有幸在青年的時候在星加坡留學，但是出於被迫過去，再加上叛逆性格原因，也就沒有好好念書上學，因此荒廢了十年的青春。回港後，進入社會，發現能力的不足，深知長遠下去這輩子就完蛋了，開始擔憂起來。因此明白了學習的重要性，就開始進修的路程，每天下班後都再去上課學習其他技能。說真的，這沒讓我改善多少。

後來在某年，突然發現自己對中醫產生興趣，最後得到家人的支持便全職學習，這是我的轉捩點，也是我的第二次幸運。

既然是自己要求的，那必須得把它做好，因此在這六年之間，從來沒有那麼的用心學習過。也因為如此，我的醫術比一般人高。

身為醫者，我真心希望能幫助每個向我求助的人，很多客戶都反饋我的用心和細心。我也很感謝他們就算有時候效果未如理想，他們還是會堅持找我醫治。

以上是我簡單的因果循環，因當初的不努力而導致後來在社會上的寸步難行，再因我的反省與努力，而得到後來的成果。

#因 - 果（因）- 果

因果是一個循環，無休止。

關於學習的重要性，我出版過一本電子書《讀書讀窮你》STUDY MAKE YOU POOR，有興趣的朋友可以找一下看看，雖然寫得不是很好，但是對於學習的心得也是值得一看的。

至於範疇就更多體驗了，從青年身邊的一群小混混，抽烟喝酒都學會了；到做傳銷的時候，滿口的成功學；再到做金融保險，每天都是談論時事股票；還有短暫的的士司機生活，真的是除了吹水，還是吹水；最後到成為中醫師，分分秒秒都在研究陰陽五行；其中還有一些零散工作，遇到的小群體就不一一說明了。因此不同的群體，擁有不一樣的範疇，我是明顯體會得到的。

其實不用說到那麼遙遠，就身邊的家人，或是另一半，都已經在影響著你。所以會有人說，選對伴侶很重要。

用詞

吸引力法則真的需要小心使用，小心平時所用的詞語，其實在本書中所提及的其他書籍，注意用詞是共同擁有的內容。

你會得到你所關注的！

最簡單的例子就是想減肥的人千萬別說要減肥，是要瘦！當你想著減肥的時候大多數結果就是越減越肥，因此想瘦的朋友不妨嘗試一下換個用詞。

就很像現在叫你不要去想一隻藍色眼睛的貓，你腦海仍然會浮現藍色眼睛貓的畫面。我們的腦袋不懂得分真假，不懂得你說「要」或「不要」，因此運用了什麼詞語是非常關鍵的。

沒錢的時候千萬別說自己沒錢或窮，我發現

很多人都擁有這個習慣很多年了，也確實大部分在窮人堆裏聽到，我也認識一些有錢人，他們真的很少說自己沒錢，我的意思是就算他們真的沒錢。

他們遇到價格高的產品，他們會覺得不值（注意，不是用「貴」）。雖然他們有時候會說 **#so expensive**，但是你能感覺到他的意思是在說不值 **#not worthing**。貴這個詞，會讓你有買不起的感覺，但不值，並不代表你買不起。

他們花錢觀念是該花的就花，而不是怕花了就沒錢，他們會覺得錢就是用來花的。

再舉一個例子：

客戶：這東西好貴喔，需要幾百塊。

銷售員：這貨品確實不便宜，就好比跟朋友出去吃一頓飯的價格。

這裡把貴的感覺轉化成便宜，記得大腦不懂得分辨是不是「不」，而且再把這個價格跟一頓飯的價錢掛鉤，那就變便宜了。

這些觀念我也是近期才開始學習使用，尤其是開始注意自己的想法和用詞。有時候在外面看到自己想吃的東西，會覺得不值，甚至乎真的有點不便宜，出於本能，心中會覺得貴，沒錢。當察覺到這個想法的時候，我會馬上問自己一個問題，那想吃嗎？如果真的想嘗試，那我就會跟自己說，它不值這個價格，但是試試無妨，就看看它為何能收這個價錢，然後就買了來吃。當然，假如不是真的很想吃，那就還是會跟自己說，不是我買不起，只是它不值這個價錢，然後轉身走掉。

有時候看到自己想買的東西，超出了一點點的預算，猶豫了一下後，跟自己說，不怕，我有錢，能賺回到的。經過了幾次這樣的生活態度後，說實話，我還真的把我所花的賺回來了。

美好人生

雖然這麼正面的想法沒有長期性固定在我體內，但是它就像白狼黑狼那樣，就看看我讓哪一隻勝出。因此我說了，這是一個長期爭鬥，並不是一次正面，就永遠都正面。

感恩是一個不錯的方法，有抑鬱症、情緒病的人，建議您們多做感恩練習，因為當你做感恩練習時，你會發現原來每天都有那麼多開心的事情，慢慢你的心情也就好起來了。

好了，其他內容大家各自去體驗吧。希望本書能帶給你正面的能力，能帶給你希望，能讓你從新做人！

本人更希望各位，假如書中的信息能幫到你，請把從書中領悟到的智慧傳送給身邊的朋友，祝各位生活愉快！因為有您，這個世界才變得更美好！

彩蛋

加插，分享運用思變的最終結果。知識改變命運不假，從 2008 年接觸股票，輸了不少錢，心知需要學習投資技巧卻一直沒學到真功夫，打滾多年後，在 2023 年 5 月開始跟對了人，學習了正確的投資股票方法，也就是分析財務報表，這是閱讀了《富爸爸窮爸爸》後一直想懂的知識，也是巴菲特先生運用的投資方式，在不到兩年的時間，本人從負 6 六數的身家，成為了擁有 7 位正數的資產，並且當我把目標設定在 3 個月後突破到七位數的時候，真的是在三個月後實現了，而這段時間恆生指數是 -8% 的增長率。

雖然這個機遇來得有點晚，從渴望學習正確

的投資方法到真的遇到對的老師長達10年有多，但是不經歷過前面的錯，便不知道什麼是對的，因此當我學習到這個老師的理論時，我便開始相信成為億萬富翁只是時間的問題，並且絕對相信至少能成為千萬富翁不難。

這是千真萬確的經歷，當初報名他的課程時，我是沒有多餘的錢，銀行戶口也只要2~3千，初級6千多的課程，已經刷卡透支了一次，四天後再要報名3萬左右的進階課程，我是猶豫了，真的不確定能否負擔和賺回來，但是心裡知道這是我需要學習的，因此再一次刷卡透支然後分期付款，我相信一件事情，投資自己的大腦準沒錯。（思想開始改變，作出行動）

慚愧地說，以往面對這樣的情景，我是不可能下這個決定的，捨不得花這些錢啊！總覺得自己沒錢，連想給女友吃頓好的也會心裡不平衡。

而當下，或許是覺得沒什麼可以再輸的了（失去了健康、愛人），也或許是相信這幾萬塊自己能賺回來，人到谷底，只能相信再怎麼走都是向上。

幸運地在 3~6 個月時間，學費賺回了，並且堅持這個投資方式，直到現在擁有了第一桶金。

渴望 - 相信 - 結果

本人希望可以更好地運用這個法則，從而得

到更多更好的結果。下一個渴望，便是透過本書，讓願意改變自己的朋友們（讀者），獲得更好的人生，我相信書中所言，能幫助到各位，你們的成功，便是我要看到的結果。謝謝您們耐心的閱讀。

“#感謝！感謝！感謝！”

思變

系　　列／　心理勵志
作　　者／　韓鎮邦

出　　版／　才藝館（匯賢出版）
地址：新界葵涌大連排道144號金豐工業大廈2期14樓L室
電話：+852-2428 0910
網頁：https://www.wisdompub.com.hk
電郵：info@wisdompub.com.hk

書店發行／　一代匯集
地址：九龍旺角塘尾道64號龍駒企業大廈10樓B&D室
Tel：852-2783 8102　　Fax：852-2396 0050
facebook：一代滙集
email: gcbookshop@biznetvigator.com

版　　次／　2025年6月初版
定　　價／　HK$108.00　NTD545
圖書類別／　1.心理勵志
圖書書號／　ISBN 978-988-71075-2-1